电子竞技产业
知识联盟

乐龙飞 ◎ 著

E-SPORTS
INDUSTRY
KNOWLEDGE
ALLIANCE

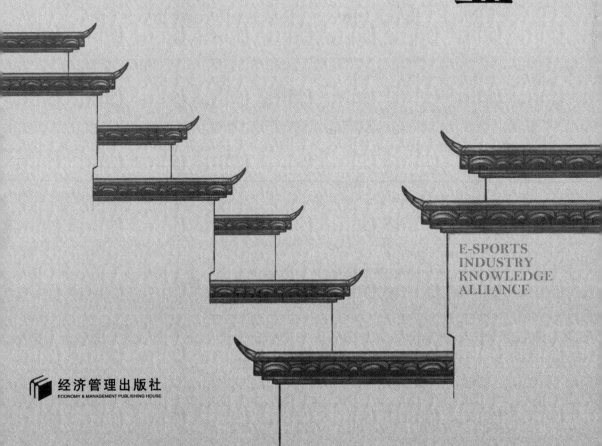

经济管理出版社
ECONOMY & MANAGEMENT PUBLISHING HOUSE

图书在版编目（CIP）数据

电子竞技产业知识联盟/乐龙飞著 . —北京：经济管理出版社，2022. 7
ISBN 978-7-5096-8645-4

Ⅰ. ①电…　Ⅱ. ①乐…　Ⅲ. ①电子游戏—运动竞赛—体育产业—产业发展—研究
Ⅳ. ①G898. 3

中国版本图书馆 CIP 数据核字（2022）第 133342 号

组稿编辑：王光艳
责任编辑：李红贤
责任印制：黄章平
责任校对：胡莹莹

出版发行：经济管理出版社
　　　　　（北京市海淀区北蜂窝 8 号中雅大厦 A 座 11 层　100038）
网　　　址：www. E-mp. com. cn
电　　　话：（010）51915602
印　　　刷：北京市海淀区唐家岭福利印刷厂
经　　　销：新华书店
开　　　本：720mm×1000mm/16
印　　　张：11
字　　　数：168 千字
版　　　次：2022 年 7 月第 1 版　　2022 年 7 月第 1 次印刷
书　　　号：ISBN 978-7-5096-8645-4
定　　　价：68. 00 元

前　言

　　电子竞技最早起源于 20 世纪 90 年代。近五年来，电子竞技因其有娱乐性和范围较广的游戏群众基础，也如同传统体育一样得到了极大的发展。市场规模的扩大和接连不断的电子竞技赛事，使电子竞技产业链逐渐完善。企业组织形式随着经济发展需要不断变化，20 世纪 90 年代以后，随着产业联盟的发展，以分享合作伙伴知识、增强企业竞争能力为目的的技术与学习型联盟（或称知识联盟）成为主要的企业联盟形式。随着我国电子竞技产业走向成熟，电子竞技产业的知识经济特征愈加明显，电子竞技产业知识联盟在电子竞技产业发展中的作用越来越凸显。

　　电子竞技产业知识联盟是以电子竞技知识创新、创造为纽带的电子竞技企业的中间组织，当前学术界对电子竞技产业知识联盟的研究尚有不足。一是对于知识联盟绩效的观点尚未统一，多数学者直接使用财务绩效作为知识联盟绩效的衡量标准，这种方法虽然简便，但却不能真实反映知识联盟绩效水平。对于以知识创新为主要任务的知识联盟来说，知识创新的成果在短期内并不一定直接转化为成员收入，从而显著改善财务绩效。二是虽然电子竞技产业已经成为一个快速发展、关联度极高的产业门类，但对电子竞技、电子竞技产业和电子竞技产业知识联盟的研究相当薄弱。电子竞技及其相关产业是具有高知识性、高技术性的产业类型，但是对电子竞技知识创新的类别缺乏归纳和识别，对产业知识联盟的特征及其与其他产业知识联盟绩效的差别没有进行系统的阐释。三是定量分析方法较少用于电子竞技产业、电子竞技产业知识联盟的研究，无法准确体现电子竞技产业知识联盟绩效的影响因素，从而无法有效指导已经蓬勃发展的电子竞技产业知识联盟和电子竞技产业发展。所以，研究电子竞技产业知识联盟绩效的影响因素及其作用机理,对电子竞技产业的顺利发展具有重要意义。

本书尝试通过理论分析和实证研究确定电子竞技产业知识联盟绩效的影响因素,从而既为类似的知识密集型产业联盟行为提供借鉴,也为电子竞技产业知识创新和绩效提升提供理论支持。本书的主要研究内容及研究结论如下:

第一,系统辨识了电子竞技产业知识联盟的概念内涵。本书在回顾电子竞技产业发展和梳理相关研究的基础上,明确界定了电子竞技、电子竞技产业、电子竞技产业联盟、电子竞技产业知识联盟的概念内涵,对产业联盟绩效、知识联盟绩效的影响因素等概念进行了分析,奠定了理论基础。

第二,对电子竞技产业知识联盟绩效的影响因素及其作用机理的概念模型进行设计。立足于前期文献梳理成果,结合电子竞技产业自身特点,本书从理论上对影响因素的内涵和作用机理进行解构分析,设计了电子竞技产业知识联盟绩效的影响因素及其作用机理的概念模型。以电子竞技产业为实证研究对象,从电子竞技产业的微观主体构成、企业管理实践层面入手进行问卷调研。结合案例分析,本书确定了成员能力、成员关系、成员知识共享、地区发展水平、政府支持、联盟绩效等变量的测量方法,提出了研究假设,确定了样本选取、数据处理、模型选择方法。在前测分析阶段,本书通过 Cronbach's α 系数进行了信度分析,通过 Bartlett 球形检验进行了效度分析,根据分析结果对调查问卷进行了修正,从而为后续实证调研奠定了基础。

第三,以中国电子竞技产业为实证研究对象,综合运用主成分多元回归分析、逐步分层回归分析、Amos 等方法,在对相关变量进行控制的前提下,验证了电子竞技产业知识联盟绩效的影响因素及其作用机理的概念模型和变量之间的 22 个研究假设,研究表明:①成员能力对电子竞技产业知识联盟绩效有显著正向影响。成员能力主要体现在成员知识专有性和学习能力方面,在进行电子竞技产业知识联盟成员选择时,应优先选择学习创新能力强且现有知识与联盟其他成员间形成较大互补的企业或组织。②成员关系对电子竞技产业知识联盟绩效有显著正向影响。成员的团队精神、相互信任是促进联盟成员合作的基础，动机诱发行为、意愿指导行动的理论假设从研究个体行为推广到组织行为同样适用。联盟除了在成员选择阶段要注重筛选与联盟价值一致的成员外，也应当在组织内部倡导团队精神，确定合理的利益分配机制。③成员知识共享对电子竞技产业知识联盟绩效有正向影响。电子竞技产业知识联盟并不是一个基于股权建立起来的企业组织，而是基于电子竞技知识开发建立的松散的联盟。成员知识共享是促进电子竞技知识开发的基础和关键一环，所以，电子竞技产业知识联盟应当尽量促进联盟成员间知识共享。④成员知识共享在成员能力、成员关系对电子竞技产业知识联盟绩效的影响中的中介效应明显。成员能力、成员关系会通过影响电子竞技产业知识联盟成员知识共享进一步影响联盟绩效。⑤地区发展水平在成员知识共享对联盟绩效的影响中起调节作用，这种调节作用主要体现在成员知识共享影响联盟综合能力提升方面，而在成员知识共享影响知识技术革新方面不显著。政府支持在成员知识共享对联盟绩效的影响中起调节作用。因此，资金、政策手段可以帮助政府有针对性地强化知识联盟内部绩效提升效果。同时，电子竞技产业知识联盟也可以据此选择合适的地区发展项目。

第四，根据研究结果，结合电子竞技产业、电子竞技产业知识联盟的现状，本书提出了可以促使电子竞技产业知识联盟绩效提升的对策建议。在联盟维度，首先，应当审慎选择电子竞技产业知识联盟成员，充分考虑成员知识的互补性、成员的学习能力和可代替性。其次，电子竞技产业知识联盟应当尽力促进联盟成员间的互动合作，尤其是知识学习、分享活动。在政府维度，应当通过知识创新、完善电子竞技产业知识联盟发展的制度环境和联合电子竞技产业知识联盟打造品牌电子竞技赛事等促进电子竞技产业知识联盟绩效提升。

本书对电子竞技产业知识联盟绩效的影响因素及其作用机理进行了严谨的实证分析研究，创新价值主要体现在以下方面：

首先，通过前测分析得到关于电子竞技产业知识联盟研究的调查问卷。本书结合前测分析中的信度和效度分析，对初始问卷进行了一定修正，最终得到了较为可靠的问卷题项。具体地，原题项 NLZY1、NLCX4、GXHZ4、GXXR1 未通过效度检验，经分析将其修正为现问卷。该问卷题项对将来关于该领域的研究提供了一定的参考价值。

其次，通过回归分析发现影响电子竞技产业知识联盟绩效的两种调节作用。本书提出的两种调节效应均在后期实证分析结果中得到了有效验证：地区发展水平和政府支持在知识共享对电子竞技产业知识联盟绩效的影响中均起到调节作用，该结论可为提升联盟绩效提供更为具体的建议。

最后，通过关联分析发现影响电子竞技产业知识联盟绩效的整体机制。本书以电子竞技产业为实证研究对象，针对电子竞技产业知识联盟的影响因素，分别提出三种作用机制：成员能力和成员关系对联盟绩效的直接效应，成员能力和成员关系通过成员知识共享对联盟绩效产生的间接效应，以及地区发展水平和政府支持的调节效应。研究实证检验了各影响因素之间的内部关系，更为深入地揭示了电子竞技产业知识联盟影响因素的作用机理，据此提出的对电子竞技产业发展有利的建议具有更为实际和具体的指导作用。

综上所述，本书系统梳理了知识联盟相关的研究成果，提出了可供电子竞技产业知识联盟绩效评估的维度。本书综合了知识联盟绩效影响因素的相关评价，总结出电子竞技产业知识联盟绩效的影响因素，构建了电子竞技产业知识联盟绩效变量之间的概念模型。本书采用了定量分析和定性分析相结合的方法，对电子竞技产业知识联盟绩效的影响因素进行了实证研究。本书的研究有助于丰富和完善知识联盟理论，同时，对电子竞技企业和组织通过知识联盟提升其知识创新能力和竞争力具有较强的现实指导意义。

目　录

1 绪论

电子竞技产业现已逐步成为体育产业链中重要的一环，其产业版图也在不断完善（吕思琦，2020）。由于电子竞技产业链条较长且吸引了多方主体参与，因此成立产业联盟是较为常见的组织形式。随着知识经济时代的到来，知识已经替代传统资源成为关键的隐性资产，且是企业获得持续竞争优势的重要源泉（Drucker，1999）。客户需求的多样化和个性化、产品生命周期的日趋缩短以及市场竞争的白热化等趋势，迫使组织之间结成知识联盟，共同应对外部环境的不确定性，协作提升知识联盟绩效。但以往研究表明，传统意义上的联盟管理非常困难，合作效果也不理想。因此，研究电子竞技产业知识联盟绩效的影响因素及其作用机理，并对电子竞技产业知识联盟绩效提升提出有针对性的建议具有很强的理论与现实意义。

1.1 研究背景

当前，电子竞技产业蓬勃发展，凭借其独特的文化活力，已成为风靡全球的时尚运动方式，是文化与科技深度融合的朝阳产业和新兴业态。艾媒咨询数据显示，2019 年中国电子竞技市场规模达到 982.2 亿元，是全球最大的电子竞技市场，也是电子竞技领域技术创新和业态创新的重要驱动力量。电子竞技产业的蓬勃发展态势引起了文化、体育以及教育等部门的重视，各部门相继出台电子竞技产业相关政策为行业的发展提供规范引导，如表 1-1 所示。2017 年 10 月 31 日，国际奥林匹克委员会正式宣布，认证电子竞技运动为正式体育项目。2018 年，电子竞技正式成为雅加达亚运会的电子体育表演项目，亚洲奥林匹克理事会将电子竞技列为 2022 年杭州亚运会正式比赛项目。至此，电子竞技在国家体育战略中取得了与传统体育项目相同的地位。随着电子竞技进入高速发展期，人们对电子竞技的关注度也不断提升。

表 1-1　中国和国际对电子竞技的扶持政策

时间	推动因素	推动效果
2003 年	国家体育总局确定电子竞技为第 99 个体育项目（2008 年改为第 78 个）	电子竞技进入国家体育战略
2004 年	第一届中国电子竞技运动会（CEG）开幕	官方主办的电子竞技赛事
2006 年	中华全国体育总会在国家体育总局召开电子竞技运动项目管理规定发布会	官方电子竞技赛事标准
2007 年	第二届亚洲室内运动会成为第一个包含电子竞技项目的亚洲综合性运动会	电子竞技获得亚洲奥林匹克理事会承认
2013 年	国家体育总局组建 17 人的电子竞技国家队，出征亚洲室内运动会	电子竞技第一次"为国争光"
2015 年	国家体育总局颁布《电子竞技赛事管理暂行规定》	产业发展政策支持与规范
2016 年	国家体育总局发布《体育产业发展"十三五"规划》	推动电子竞技运动项目发展
2016 年	教育部宣布在高等职业学校增设"电子竞技运动与管理"专业，隶属于体育类	电子竞技人才培养提速
2016 年	国家发展改革委发布《关于印发促进消费带动转型升级行动方案的通知》	鼓励举办全国性或国际性电子竞技游戏游艺赛事活动
2017 年	文化部发布《文化部"十三五"时期文化产业发展规划》，提出支持发展体育竞赛表演、电子竞技等新业态	政策支持电子竞技发展
2018 年	电子竞技正式成为雅加达亚运会的电子体育表演项目	电子竞技项目的重要性空前提升
2019 年	国家统计局公布《体育产业统计分类（2019）》，电子竞技属于体育竞赛表演活动	电子竞技被正式归纳为体育赛事项目

1.1.1 实践背景

1.1.1.1 电子竞技市场规模不断扩大，产业链不断延伸

电子竞技最早起源于 20 世纪 90 年代。近五年来，电子竞技因其有娱乐性和范围较广的游戏群众基础，也如同传统体育一样得到了极大的发展（彭建峰和白艳宁，2020；于伟涛，2020）。在全球范围内，我国电子竞技产业快速成长。2010 年，我国电子竞技行业市场规模仅有 44.1 亿元，而随着电子游戏和电子竞技用户规模的不断扩大，我国电子竞技行业快速发展，其市场规模在全球范围已是名列前茅。2014 年，我国电子竞技行业市场规模达到了 226.3 亿元，是 2010 年的 5 倍多。2016 年，我国电子竞技行业市场规模达到了 458.3 亿元，排在全球第一位。2018 年，我国电子竞技行业市场规模更是达到了 835.8 亿元。电子竞技作为一个新兴的竞技体育项目，已经发展成为一个具有现代竞技体育精神的电子游戏竞技运动（张亮和焦英奇，2020）。刘泰涵（2017）等认为，我国电子竞技产业通过长久的沉淀，已经出现大众普及化、规范化、多元化并存的生长新局面，并已逐渐构成以宏大的市场为后盾的竞技产业链。电子竞技可能在飞速成长后慢慢跻身于一个政策导向利好、全产业积极发展、用户范围不断扩大的新时代。《2018 年中国电竞行业研究报告》中的数据显示，中国电子竞技产业正在进入爆发期，电子竞技游戏公司、电子竞技赛事、电子竞技俱乐部、电子竞技游戏主播平台发展势头良好，电子竞技与泛娱乐产业结合，吸引大量资本涌入，电子竞技游戏制作、传播都朝着更加优质、精细化的方向发展。Szablewicz（2016）在观察了中国电子竞技赛事之后认为，中国的电子竞技活动典型地反映了中国的消费文化。Lu（2016）回顾了中国的电子竞技发展历程，随着电子竞技体育的商业化、专业化，电子竞技的新概念不断发展，电子竞技文化也促进了在线游戏市场的发展。早期，中国的游戏"发烧友"是自愿组织比赛的。从 20 世纪 90 年代后期开始，以利润为导向的游戏公司开始在全国范围内组织和赞助视频游戏比赛。随着竞争类游戏的商业化和专业化以及"电子竞技"新概念的发展，电子竞技吸引了来自中国快速发展的在线游戏社区的参与者和观众。研究者和市场主体普遍看好

我国电子竞技产业发展前景，认为中国电子竞技产业在实现职业化转型后，将迎来黄金发展期（Atalay and Boztepe，2020）。我国现有的传统电子竞技产业自上而下主要分为三部分：开发商负责电子竞技游戏内容的研发；运营/发行商通过自主开发游戏或取得其他游戏开发商的代理权，以游戏道具等增值服务和内置广告获得收入；渠道商负责渠道推广、零售变现（吕思琦，2020）。艾媒咨询数据显示，2019 年中国电子竞技产业市场规模达到 982.2 亿元，预计到 2022 年市场规模将达到 1843.3 亿元，2016—2022 年电子竞技产业市场规模及预测如图 1-1 所示。

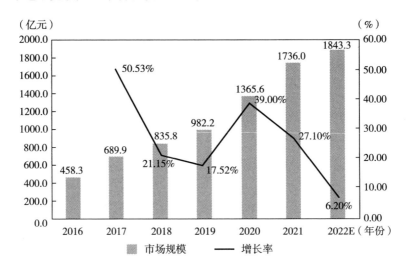

图 1-1　2016—2022 年电子竞技产业市场规模及预测

资料来源：艾媒数据中心，data.iimedia.cn。

市场规模的扩大和接连不断的电子竞技赛事，使电子竞技产业链逐渐完善（Qiufang and Liyang，2018；苏沐晖，2019）。2020 年中国电子竞技产业链条如图 1-2 所示。电子竞技产业是一个长链条产业，业内普遍认为电子竞技产业拉动经济发展、解决就业作用显著（杨越，2018）。赛事是整个电子竞技产业的中心，产业上游包括游戏的开发商，中游包括电子竞技赛事的组织承办以及电子竞技赛事生产商，下游包括电子竞技赛事传播媒体（谭青山和陈旺，2018）。电子竞技产业的商业模式是游戏厂商授权赛事举办方协同赛事运营方以及俱乐部生产赛事内容，通过现场观赛或媒体（直播平台）将赛事内容传递给观众，从而带来流量，赛事运营方、媒体以及主播再将流量传递给广告商、赞助商、电商以及游戏厂商本身，最终实现变现（Radman Peša et al.，2017）。作为产业发展的源头，电子竞技产业上游的游戏开发商和游戏运营商为电子竞技赛事举办方提供授权，引导产业链条向中游过渡。电子竞技赛事除了举办方外，还有赞助商、参赛赛队（通常为电子竞技俱乐部联盟）、比赛节目制作者、赛事传播媒体等。具体的过程如下：首先，在筹备环节，赛事举办方在获得授权后，会面向赞助商进行招商，而后邀请各电子竞技战队参赛；其次，赛事会按照预定的时间和程序举办，同时，赛事举办方会联系赛事节目制作者制作赛事节目；最后，媒体从赛事举办方那里获得传播权，通过传播平台将赛事呈现给观众，完成赛事最终消费。电子竞技产业的下游是电子竞技传播和电子竞技周边产品。除赛事本身的传播之外，还包括电子游戏和电子竞技比赛的传播，如电子竞技网络直播、电子竞技网络赛事等。电子竞技周边产品包括游戏用电脑外部设备、电子竞技服装的生产和销售、电子竞技人才培养等。

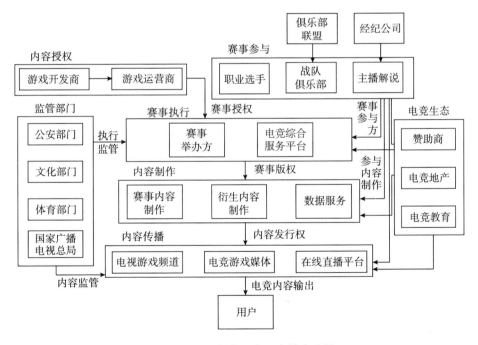

图 1-2　2020 年中国电子竞技产业链

资料来源：艾瑞咨询研究院。

1.1.1.2 知识经济时代企业中间组织的兴起

人类发展已经进入了知识经济时代，知识成为驱动经济发展和社会进步的关键力量（Olssen and Peters，2005）。知识更新的速度越来越快，知识的融合和跨界越来越频繁。在知识经济时代，企业的核心竞争力已经由各种类型的物质资源转变为知识资源（Jaffe and Trajtenberg，2002）。正如彼得·德鲁克所言，知识已成为关键的经济资源，而且是竞争优势的主导性来源，甚至可能是唯一的来源（Drucker，1999）。知识经济推动了社会的巨大变革，模糊了行业的边界，知识经济与全球化、消费个性化的共同作用使得企业面临更加变幻莫测的外部环境，处于更加充满不确定的信息和知识冲击之中，单个企业的知识储备越来越难以跟上时代发展的脚步，更容易陷入"知识孤岛"中。所谓"知识孤岛"，是指由于信息和知识不能融合、共享而导致的知识板块的割裂。在知识经济时代，"知识孤岛"不仅影响单个企业的知识创新和绩效水平，更严重的是，"知识孤岛"还导致知识不能交换、融合、创新，造成了巨大的整体损失（Gleiser，2014）。

为了对抗"知识孤岛"、适应知识经济时代的竞争要求，企业需要以知识的生产、创造流程为基础，开展合作，建立新的企业组织形式。20世纪90年代以来，随着网络经济的出现，企业的组织形态和价值创造机制发生了改变，诸如外包生产、战略联盟、供应链协调、价值网络、网络组织、价值星系以及虚拟企业等中间组织形态的企业组织得到了迅猛的发展。越来越多的行业采用企业间协调的方式来组织交易。知识本身的跨组织特征促使企业间的合作创新得到快速发展，知识的创新往往与流动性密切相关，知识的流动、共享、交互促进了新知识的产生。所以，企业内部要不断地进行人员的更替和补充。对于相对稳定的企业来说，为了确保创新的灵活性，开展跨企业间的合作成为最佳选择。因此，以知识创新为目的的产业联盟、价值星系、企业集群等中间组织逐步产生并被推广。通过中间组织的知识共享，企业可以实现知识的创新和知识倍增，从而提高各个参与企业的绩效水平，实现多方共赢（Meissner，2019）。2017年7月8日，以"教育引领·绿色发展"为主题的首届中国电竞文化教育产业论坛暨首届中国电竞文化教育产业联盟成立大会在北京国家会议中心召开。成立联盟是为了加强各方面的沟通联系，使电子竞技产业能够更好更健康地发展（戴志强等，2017）。

1.1.1.3 知识联盟成为电子竞技产业的重要组织形式

电子竞技可以认为是电子游戏的升级版，是电子游戏达到"竞技"标准的活动。电子竞技也是一种体育活动，与棋类比赛相似。2003 年，经国家体育总局批准，电子竞技成为正式比赛项目。国际奥林匹克委员会也将电子竞技纳入正式运动项目，电子竞技还成为 2022 年杭州亚运会正式比赛项目。电子竞技在青少年中具有广泛的影响，电子竞技比赛的观看人数有超过 NBA，成为全球第一大运动赛事的可能。在电子竞技运动职业化之后，电子竞技产业也随之繁荣起来。2016 年，我国电子竞技用户规模达到 1.7 亿人次，全球占比接近 70%。国内阿里、腾讯、完美世界等互联网公司，绿地、恒大等地产公司也正在这一领域加大投资力度。杭州、银川、太仓、孟州等地方政府则纷纷推出各种优惠措施，打造电子竞技小镇，建设电子竞技场馆、电子竞技企业孵化园、电子竞技休闲场地等。电子竞技产业是一种长产业链条的现代经济形式，以电子竞技俱乐部（选手）、电子竞技赛事运营为核心环节，产业向上延伸到电子竞技设备制造、电子竞技游戏开发，向下拓展到媒体传播、旅游休闲、周边产品等。电子竞技产业还与城市转型升级紧密相连，国内很多城市如银川都把电子竞技产业作为重点产业打造。由于电子竞技产业链条较长且吸引了多方主体参与，因此产业联盟是较为常见的组织形式。例如，阿里体育联合苏州高新区成立"Beyond"电子竞技联盟，致力于提供规范的电子竞技培训体系以及常态化的线下联赛；腾讯众创空间、武汉梦竞科技有限公司、盛天网络、武汉斗鱼网络科技有限公司等在武汉成立了光谷电子竞技产业联盟作为交流平台，进行电子竞技资源整合、人才培养，推进电子竞技行业标准化；京东游戏也联合 Intel、联想、微软、华硕、雷蛇、清华同方等成立了"泛娱乐产业联盟"。

当前，国内电子竞技产业联盟囊括了电子竞技硬件制造、电子竞技游戏开发、电子竞技赛事举办、电子竞技 IP 传播、电子竞技旅游、电子竞技人才培养的全部或部分环节（刘泰涵，2018）。我国电子竞技产业、电子竞技产业联盟正处于快速发展阶段。电子竞技的生产和消费行为在近几年已经发生了极大的变化，随着电子竞技产业走向成熟、电子竞技消费者消费水平的提升，电子竞技的知识性、消费者的个性化会对电子竞技产品提供商提出更高的要求。电子竞技产业的长产业链中虽然包括了电子产品制造等传统经济形式，但其核心电子游戏开发、电子竞技传播却是知识密集型的新经济代表。与其他产业一样，电子竞技产业也会经历一个从重视投入和市场占有率到重视知识创新的过程，相应地，电子竞技产业联盟的最终驱动因素也将转变为知识创新。电子竞技产业知识创新需求迫切，电子竞技产业联盟也必将走入以知识创新为主的电子竞技产业知识联盟的新阶段（Huang，2019）。

1.1.2 理论背景

1.1.2.1 知识联盟研究逐步成为热点

20 世纪六七十年代以来，全球掀起了企业合作创新浪潮，而进入 80 年代后企业合作更是以前所未有的速度发展。随着战略联盟理论与实践的进一步发展，越来越多的国内外学者开始关注战略联盟伙伴间的关系网络，并研究发现企业间结盟的目的越来越倾向于向其他成员获取自己缺乏的知识资源。Bronder 和 Pritzl（1992）将联盟的学习性作为研究战略联盟的新视角，认为在联盟内组织间的合作学习要比单纯竞争更有价值，因为这种联盟关系主要是为组织提供了一种学习机制，而这种机制一旦坚持下来，就可以建立长远的合作机制。在知识管理理论快速发展的背景下，战略联盟理论研究逐渐演化出一种新概念——知识联盟（Morrison and Mezentseff，1997；Schoenmakers and Duysters，2006）。按照构成联盟的各方相互学习转移、共同创造知识的程度不同，传统的战略联盟可以划分为两个极端——产品联盟和知识联盟（李元旭和唐林芳，1999）。产品联盟通常是和竞争者合作，而知识联盟的结盟对象可以是任何机构，只要它拥有专业能力，对合作有贡献即可（符正平，1999）。

知识联盟之所以受到国内外理论和经验研究者的高度重视，是因为：第一，准确地理解知识联盟具有深远的政策意义。知识联盟能够大大推进技术进步，并增强企业竞争力（Cincera 等，2018）。因此，政策制定者需要研究者得出明确结论，以此指导产业尤其是高新技术产业发展。第二，传统企业理论无法解释知识联盟。长期以来，有很多研究认为知识能力是企业的核心竞争力，企业间合作、企业中间组织的建立会导致知识的外溢从而削弱竞争力（蔡虹等，2013；时希杰和吴育华，2012）。国内学者从20世纪90年代末开始逐步增加了对知识联盟研究的关注。以"篇名"和"知识联盟"为搜索关键词，在CNKI期刊全文数据库中精确查询1970年至2020年9月的文献，分布规律如图1-3所示。

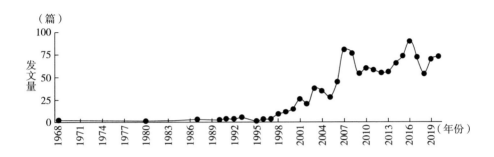

图1-3　包含"知识联盟"词组的期刊文章篇数分布

用以上相同的条件检索，发现在这一段时间内国内博士学位论文和硕士学位论文中题名含有"知识联盟"的分别有43篇和157篇，其涉及的学科有经济学、管理科学与工程、企业管理、软件工程、情报学、教育经济与管理乃至行政管理等。以上结果表明，知识联盟理论日益成为一门显学，受到较多的关注。

1.1.2.2　联盟绩效评价问题需要再认识

从20世纪90年代开始，随着知识对国民经济的深度渗透，知识已经成为企业获取竞争优势的重要手段。越来越多的企业已经认识到，企业最重要的资源就是知识，而从资源获取的角度来看，隐性知识是最难模仿的。由于难以编码，且扎根于特定组织的情景，隐性知识根本无法被随意获取和模仿，因此，隐性知识是企业进行知识创新的基础和形成核心竞争力的关键。大多数研究认为，产业联盟的主要任务是建立产学研交流合作平台，实现信息共享，开展关键共性技术联合攻关和成果转移转化，促进人才交流和培育，制订联盟标准，开展行业重大问题研究等（Xuejun et al.，2013；

Zhang et al., 2018)。20 世纪 90 年代以后，随着产业联盟的发展，以分享合作伙伴知识、增强企业竞争能力为目的的技术与学习型联盟成为主要的企业联盟形式。知识联盟不是为了扩大生产和销售而形成的协作关系，知识联盟与传统联盟最重要的区别是，知识联盟的企业间合作多于竞争，联盟内不同组织间以低成本进行知识交流、分享和创新。联盟成员之间以知识为连接纽带，知识的共享和创造是知识联盟的主要任务，推进新技术、新知识、新业务的开发和成长是知识联盟的目的。通过知识联盟，企业可以获得核心竞争能力——知识创新能力的提升，从而显著提高企业竞争力。知识联盟具有两个比较明显的特征：一是行业分布不均衡，知识联盟主要出现在以信息技术、人工智能技术等为代表的高新技术产业中；二是关于知识联盟绩效的研究表明，知识联盟绩效水平并不一定高于个体企业的总和。本书认为，采取知识联盟这一企业间组织形式并不能直接导致联盟绩效提升。对知识联盟绩效维度的不同划分可能导致了不同的分析结果，同时知识联盟的知识创新种类、内部关系的不同都有可能导致不同的绩效水平。

1.1.2.3　电子竞技产业知识联盟绩效的实证研究有待展开

从 20 世纪 90 年代末期开始，国内外学者以知识联盟为研究对象的文章大量涌现出来，并展开一系列的理论与实证研究，这些成果都丰富了有关知识联盟的理论阐述研究。然而，值得提出的是，知识联盟作为战略联盟的一般形式，目前的研究并没有凸现其独特之处。此外，现有研究多以定性研究为主，强调知识联盟是企业增强核心竞争力，创建新知识、新能力的重要途径（牛刚和刘映联，2014；王伟光等，2015），对知识联盟实际运行绩效方面的实证研究较少。陈菲琼和徐金发（2000）针对跨国公司知识转移目标、知识转移层次、知识联盟转移绩效评价的指标体系，以跨国公司与我国企业的知识联盟为实证对象，进行了开创性的量化研究，对我国知识联盟的研究具有重大的指导意义。然而，这些研究是在仍未成熟的条件下尝试展开的，在量表设计、指标体系构建、实证对象的规模等方面还存在不足。随着知识联盟研究的不断深入，知识联盟的外延也不断扩大，原有实证研究的调研对象发生了重大变化。例如，孙新波等（2015）提出了知识联盟协同创新影响的概念模型并进行了实证分析。我国电子竞技产业、电子竞技产业知识联盟正处于快速发展阶段。电子竞技产业知识联盟可以克服单个企业资源和能力的不足，借助联盟整体的知识储备形成知识优势，进行知识的创新创造，从而在竞争中取得优势，推动产业和自身发展。然而，与电子竞技产业高速发展、高技术特征日益显现和电子竞技产业知识联盟迅猛发展形成鲜明对比的是，在世界范围内，对电子竞技产业知识联盟的研究还比较少。由于电子竞技行业的特殊性和新兴性，学术界对电子竞技产业的研究尚且不足。在特定的产业背景下，知识联盟绩效究竟受到哪些因素影响、不同因素的影响程度又有什么区别等问题值得深入探讨。

1.1.3　研究问题

企业组织形式随着经济发展的需要不断变化，电子竞技产业知识联盟是以电子竞技知识创新、创造为纽带的电子竞技企业的中间组织，当前学术界对电子竞技产业知识联盟的研究尚有很多不足。一是对于知识联盟绩效的认识尚未统一，多数学者直接使用财务绩效作为知识联盟绩效的衡量标准，这种方法虽然简便，但不能直接反映知识联盟绩效水平。对于以知识创新为主要任务的知识联盟来说，知识创新的成果在短期内并不一定直接转化为成员收入，从而显著改善财务绩效。二是虽然电子竞技产业已经成为一个快速发展、关联度极高的产业门类，但对电子竞技、电子竞技产业和电子竞技产业知识联盟的研究相当薄弱。电子竞技及其相关产业是具有高知识性、高技术性的产业类型，但是电子竞技知识创新的类别缺乏归纳和识别，对电竞产业知识联盟的特征及其与其他产业知识联盟绩效的差别没有进行系统的阐释。三是定量分析方法较少用于电子竞技产业、电子竞技产业知识联盟的研究，无法准确体现电子竞技产业联盟绩效的影响因素，因而无法有效指导已经蓬勃发展的电子竞技产业知识联盟和电子竞技产业发展。本书将聚焦以下问题展开研究：

第一，电子竞技产业知识联盟绩效的衡量标准及维度。追求绩效提升是电子竞技产业知识联盟建立的根本动因，目前对电子竞技产业知识联盟的绩效标准还缺乏深入的分析，本书将弥补单一财务绩效评价的不足，从知识技术革新和综合实力提升两个方面衡量电子竞技产业知识联盟绩效。

第二，电子竞技产业知识联盟绩效的影响因素。本书将借鉴知识联盟绩效影响因素研究的相关成果，从成员能力、成员关系、成员知识共享、地区发展水平、政府支持等方面寻找和确定电子竞技产业知识联盟绩效的影响因素。

第三，电子竞技产业知识联盟绩效影响因素的作用机理。本书将通过实证分析各变量之间的关系，分析成员知识共享在成员能力与联盟绩效间的中介作用、成员知识共享在成员关系与联盟绩效间的中介作用，地区发展水平在成员知识共享与联盟绩效间的调节作用、政府支持在成员知识共享与联盟绩效间的调节作用。

1.2　研究目的

通过上述背景分析，可以认为电子竞技产业知识联盟绩效的影响因素及其作用机理是一个学术前沿问题，也是目前电子竞技产业知识联盟管理实践中迫切需要解决的问题。本书将在系统吸收前人理论研究成果的基础上，着重研究电子竞技产业知识联盟绩效的影响因素，从而在一定程度上揭示各影响因素对绩效的作用机理，为我国电子竞技产业发展的管理实践工作提供理论帮助。

具体来讲，本书有以下三个研究目的：

第一，通过对国内外相关文献的述评研究，建立电子竞技产业知识联盟绩效的影响因素及其作用机理概念模型。

第二，以电子竞技产业为实证研究对象，验证电子竞技产业知识联盟绩效的影响因素及其作用机理概念模型，检验各影响因素之间的内部关系，从而揭示电子竞技产业知识联盟绩效影响因素的作用机理及其对企业管理的现实价值。

第三，结合研究成果提出电子竞技产业知识联盟绩效提升的对策建议，从而促进电子竞技产业知识联盟的顺利发展以及整个电子竞技产业的知识创新与长远发展。

1.3 研究意义

第一，研究电子竞技产业知识联盟绩效的影响因素及其作用机理，有利于丰富知识经济时代的企业组织理论。在工业化初期，泰罗、法约尔、韦伯等人从整体上论述了企业组织形式与企业环境之间的关系。韦伯提出了古典组织理论，认为组织是一个建立在专业分工、严格管理之上的金字塔结构。20世纪初期以后，以斯科特为代表的新古典组织理论将社会学、心理学引入组织理论，在继续关注组织结构对其行为影响的同时，更加重视组织中个人行为的研究，主张组织应当更加注重分权与协作。20世纪60年代，西蒙提出了组织的决策理论，实现了对组织研究的重点由静态的制度、结构转向动态的决策过程。20世纪80年代以后，传统的企业组织形式越来越不能适应市场的巨大变革。彼得·圣吉提出了学习型组织理论，强调企业应当通过终身学习和改进来适应不断变化的市场，在组织形式上应当追求扁平化与柔性化。海默在《企业再造》一文中提出了企业流程再造理论，将企业组织结构理论研究由企业内部转向企业外部，以流程为核心的企业中间组织研究开始萌芽。在知识经济时代，传统企业组织理论越来越不能适应外部形势的变化，以流程再造、扁平化、中间组织为代表的新型组织理论开始兴盛起来。当前学术界对中间组织的研究还集中于中间组织概念解析和形态区分等，研究的深度不足，缺乏中间组织演进的机制机理研究。现有研究对中间组织连接因素的研究还集中于产业分工、地理区域、产权关系等传统因素，而对以知识共享和创新为纽带建立企业中间组织的认知不足，尤其是对知识密集的新经济产业联盟的关注度不高。在知识经济时代，采用何种中间组织形式更能促进知识密集型产业的发展以及传统产业与新兴产业的融合？哪种组织间关系影响了产业联盟中知识资源的集聚、运行、创新与共享？电子竞技产业的核心部分，尤其是电子竞技游戏开发是典型的知识经济，而电子竞技产业又有明显的新旧产业融合的特征，研究电子竞技产业知识联盟绩效的影响因素，对于丰富知识经济时代的企业组织理论具有重要意义。

第二，研究电子竞技产业知识联盟绩效的影响因素及其作用机理，有利于电子竞技产业发展走向深度融合。我国电子竞技产业已经显示出广阔的发展前景和蓬勃的发展势头，但从整体来看，我国电子竞技产业还处于初创阶段，中小型企业是电子竞技产业的主体。电子竞技产业的链条长，一个企业不可能覆盖电子竞技产业的全部流程和领域。因此，国内电子竞技发展通常采用产业联盟的形式。从知识经济的角度来看，电子竞技产业联盟可以弥补单个企业资源和能力的不足，借助联盟整体的知识储备形成知识优势，进行知识的创新创造，从而在竞争中取得优势，推动产业和自身发展。随着我国电子竞技产业走向成熟，电子竞技产业的知识经济特征会愈加明显，电子竞技产业联盟也从单纯的"抱团发展"走向深度融合，电子竞技产业联盟也将转变为电子竞技产业知识联盟。电子竞技产业，尤其是电子竞技产业的核心部分本身就是知识经济的典型，电子竞技产业知识联盟又是知识经济时代典型的组织形式。然而，当前无论是对电子竞技产业本身还是对电子竞技产业联盟的研究都严重匮乏。最常见的电子竞技和电子竞技产业研究都还处于探索状态，集中于电子竞技产业发展前景、电子竞技的社会危害性等几个有限的主题（Abanazir，2019；Heere，2018）。所以，研究电子竞技产业知识联盟绩效的影响因素，并探索合适的电子竞技产业知识联盟组织形式，对电子竞技产业的发展具有重要意义。

第三，研究电子竞技产业知识联盟绩效的影响因素及其作用机理，为类似知识密集型产业知识联盟行为提供借鉴。知识联盟是以一种结盟的方式使企业与企业之间或企业与其他机构之间密切合作，其本质是共同创造新的知识并进行知识的转移。创新是知识联盟发展的不竭动力，贯穿于知识联盟的各个时期，具有创新能力对于企业获得竞争优势有着重大的意义。知识的有效传播与有效管理，已经成为学术界的重要课题。在实践中，组织的隐性知识具有天然的不可言传性，如果一个组织想获取另一个组织的隐性知识，必须跨越该组织的边界。然而，以相互获取对方知识和信息，进而增强自身学习能力的企业间知识联盟的大量涌现能否起到知识创新的功效，进而推进新技术、新知识、新经验、新业务的开发还有待于我们进一步研究。知识资本的形成和拥有，仅靠一个企业的力量难以达到。通过知识联盟的构建，企业就可以解决内部知识资本不足的难题，企业之间通过相互合作、相互援助、相互补充，达到对知识资本的共同获取和有效利用。本书通过对电子竞技产业知识联盟绩效的影响因素及其作用机理进行研究，厘清电子竞技产业知识联盟的构建逻辑，从而既为类似知识密集型产业知识联盟行为提供借鉴，又为我国电子竞技产业知识创新提供理论支持。

1.4 研究内容

为达到以上研究目的，实现既定研究价值，本书的主要研究内容包括：系统回顾国内外知识联盟的理论与实践相关文献，总结已有的研究成果并找出不足，在此基础上寻找本书的切入点与突破点；明确电子竞技产业知识联盟绩效的概念及评价标准，系统梳理电子竞技产业知识联盟绩效的影响因素，为下一步研究奠定坚实的基础；立足前期的影响因素及相关理论的梳理，构建电子竞技产业知识联盟绩效的影响因素及其作用机理概念模型；实证研究成员能力、成员关系、成员知识共享、地区发展水平、政府支持和联盟绩效之间的作用机理；根据数据分析结果提出促进电子竞技产业发展的建议。为了完成上述研究内容，本书按照"总—分—总"的框架展开，沿用"提出问题—分析问题—解决问题"的研究思路，将整个研究内容细分为以下七个章节。

第一章为绪论。本章将从中国电子竞技产业链条逐渐完善、企业中间组织的兴起、知识联盟成为电子竞技产业的重要组织形式等实践背景以及对电子竞技产业联盟研究不足的理论背景出发，引出研究电子竞技产业知识联盟绩效影响因素的必要性和重要性。在此基础上，提炼出本书的研究问题、研究目的以及研究意义，聚焦研究问题介绍本书的主要研究内容和篇章结构安排，辅助以技术路线图对研究内容和研究方法之间的对应关系进行说明。

第二章为文献综述。本章梳理和分析了电子竞技产业知识联盟绩效影响因素的相关理论和研究成果，明确电子竞技、电子竞技产业、产业联盟、电子竞技产业知识联盟绩效等相关概念的内涵和外延。借鉴现有知识联盟绩效评价维度和影响因素的研究成果，筛选出电子竞技产业知识联盟绩效可能的影响因素。

第三章为研究设计。本章结合知识经济理论、知识治理理论以及网络组织理论，前文电子竞技产业知识联盟绩效可能的影响因素分析，构建了电子竞技产业知识联盟绩效的影响因素及其作用机理概念模型，并对成员能力、成员关系、成员知识共享、联盟绩效、地区发展水平和政府支持六个变量进行了定义，提出本书的研究假设，介绍研究应用的实证方法，并设计了对应的调研方案。

第四章为前测分析。本章主要就预调查阶段的小样本数据进行描述性统计分析和探索性因子分析，完成信度和效度的检验及部分调查问卷内容的修正。

第五章为验证性分析。本章主要对正式调查的样本数据进行数据质量分析，主要包括描述性统计分析、同源误差检验以及量表的信度和效度检验等，针对研究模型和研究假设进行检验，利用多元回归分析方法及 Amos 全模型检验研究了成员能力对联盟绩效的影响、成员关系对联盟绩效的影响、成员知识共享对联盟绩效的影响以及前因变量对联盟绩效的竞争性影响。

第六章为对策建议。本章主要针对电子竞技产业知识联盟绩效的影响因素及其作用机理概念模型的实证研究结果进行讨论，根据数据分析结论提出有针对性的政策建议。

第七章为结束语。本章对本书的主要工作和研究贡献、本书的创新之处和可能存在的不足之处进行总结，并对未来进一步研究的方向进行展望。

1.5 研究方法

本书在概念分析和理论梳理的基础上，对电子竞技产业知识联盟绩效的影响因素进行理论和实证分析。本书综合运用定量和定性两种研究方法对电子竞技产业知识联盟绩效进行了实证研究，并根据研究结果提出促进电子竞技产业知识联盟绩效提升的建议。总体框架按照层层递进、逐步深入的研究思路，先后经过了"问题提出—理论基础分析—影响因素及其作用机理研究—研究总结"四个步骤。本书主要立足于管理学、经济学的学科角度，采取混合研究途径，采用文献研究、专家咨询、问卷调查、统计分析等研究方法，对电子竞技产业联盟知识共享和创新状况及影响因素展开探讨。

（1）文献研究法。通过文献资料的收集、整理与分析，对电子竞技产业知识联盟有关研究进行系统整理、细致思考，在此基础之上开展本书的研究；在具体证明与描述的过程中，参考国内外现有学术成果，研究电子竞技产业知识联盟构建的理论与实践；在分析国内外产业联盟知识共享与创新相关理论的基础上，构建电子竞技产业知识联盟绩效的影响因素及其作用机理模型。

（2）专家咨询法与问卷调查法。本书通过专家咨询、问卷调查等方法完成了本次实证研究的数据收集工作，确保问卷设计和开发的正确性和科学性。本次问卷的设计包括量表的开发、预调查、数据收集与分析、量表的信度与效度检验、正式调查、样本情况分析等具体的工作内容。

（3）统计分析法。通过文献梳理，结合案例分析成果构建分析框架，设计调查问卷，利用 SPSS、R 语言、Amos 软件等对数据进行分析和处理，确定电子竞技产业知识联盟的关键影响因素及其作用机理。

1.6 研究思路

本书的研究技术路线如图 1-4 所示。

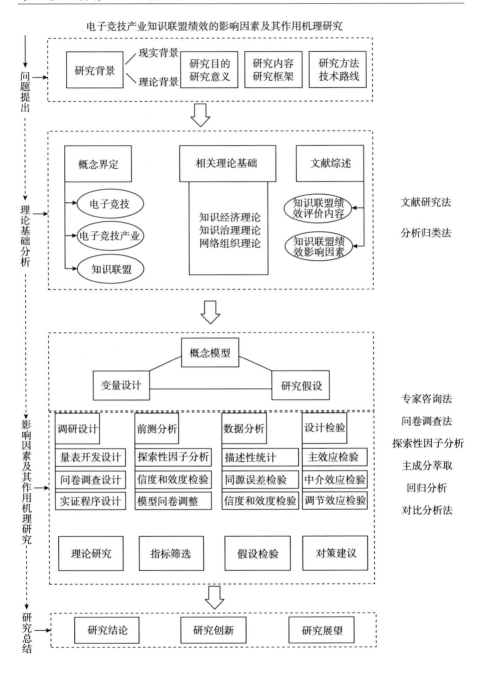

图1-4 本书的研究技术路线

1.7　本章小结

　　本章从电子竞技产业进入黄金发展阶段、电子竞技产业知识联盟迅速成长等现实考察出发，分析电子竞技产业知识联盟绩效提升面临的问题及其紧迫性，引出电子竞技产业知识联盟绩效影响因素研究的重要性和必要性，并在此基础上明确研究问题，提炼出本书的研究目的与研究意义。随后，聚焦研究问题介绍本书的主要研究内容和框架结构，对研究内容与研究方法之间的对应关系进行说明，并借助于技术路线明确研究各个阶段需要跟进的研究任务。

2 文献综述

本章将对电子竞技产业知识联盟相关研究进行综述和分析，对电子竞技产业发展以及产业联盟、知识联盟、知识联盟绩效等几个相关主题进行详尽分析，解析相关领域的研究热点问题。本章总结和分析了现有文献的贡献和不足，了解目前关于知识联盟绩效方面的相关研究情况，为其他章节研究工作的开展奠定了基础。

2.1 电子竞技产业相关研究

电子竞技，通俗地说，是电子游戏的升级版，是电子游戏达到"竞技"标准的活动。作为一种运动，电子竞技与电子游戏有很大区别。首先，在运动强度上，电子竞技运动的操作要求和技能水平要远远超过普通人玩游戏。电子竞技比赛的强度对运动员的生理产生巨大考验，据测算，电子竞技运动员在比赛时，脉搏、皮质醇等指标已经达到了赛车、马拉松等运动的水平。其次，在精神层面上，电子竞技并不是单纯的娱乐，电子竞技的关注点在于反应速度、技能战术、团队协同，符合更高、更快、更强的"奥林匹克精神"。最后，在规则程序上，电子竞技运动有着明确的规则体系（Hallmann and Giel，2018）。电子竞技是以电子设备为运动器械进行的智力对抗性运动，追求的是这项运动的最高水平和竞技目标的实现。在多种因素的作用下，这一文化形态正在风靡世界，产生了极为广泛而深刻的经济和社会影响（杨越，2018）。正如亚洲奥林匹克理事会终身名誉副主席所说，现在的人类竞赛有三个层级：首先是身体运动，其次是智力运动，比如麻将，如今我们进入了第三个层面，就是电子竞技。电子竞技已经成为一些普通人生活中重要的一部分，我们必须遵循这个趋势。电子竞技从电子游戏中诞生，经过了几十年发展，正走向职业体育和竞技体育的发展道路；电子竞技产业从1998年开始的第1轮产业周期进入到第2轮产业浪潮，世界电子竞技产业的中心也转移到了中国（杨越，2018）。电子竞技成为一项运动，也与电子竞技本身的迅速发展有关。在新经济时代，现代人的生活方式也在发生改变，电子竞技正在成为现代人生活中的一部分。

关于电子竞技和电子竞技产业的研究已经有了一些积累，但是并没有形成系统的理论成果和结构框架，研究的主体比较分散。Vera（2016）指出，电子竞技已经成为专业体育竞赛，电子竞技不仅改变了视频游戏的消费方式，而且被重新定义为一项真正的体育赛事。电子竞技的核心特征是正式组织、规则和运动场、资本投资、媒体传播。随着电子竞技的兴起，电子竞技运动周边的游戏内容提供、电子竞技赛事举办、电子竞技战队组织、电子竞技节目制作、电子竞技传播等相关活动也开始繁荣起来，电子竞技运动逐步与传统体育、文化、娱乐、传播等产业深度融合，形成了涵盖多主体、具有多种形态的电子竞技产业。电子竞技产业虽然与电子竞技有着密切的关系，但并不等同于电子竞技本身。根据产业链条，电子竞技产业可以分为上、中、下游三个部分。上游是游戏的开发；中游主要是电子竞技赛事的组织运营；下游则包括了电子竞技的媒体传播，电子竞技周边产品开发、生产等。电子竞技赛事的组织运营是电子竞技产业链中的核心环节，涉及电子竞技场馆建设以及赛事的申办、宣传、运行等，是电子竞技产业最重要、最具价值的部分（Abanazir，2019）。钱亦舟（2015）认为，电子竞技产业是电子竞技消费者通过参与电子竞技相关的各种活动，从而使消费者获得独有经历和体验的体验经济。Williams和Dmitri（2002）论述了电子游戏产业发展的五大阶段，并指出当前电子游戏产业已经进入成熟发展阶段。金轲和王昕（2017）认为，电子竞技产业是指以电子竞技运动比赛为基础，以粉丝文化为依托而诞生的相关产业，其与电子竞技有密不可分的关系，但也并不等同于电子竞技。

基于前期的研究成果，本书界定电子竞技为电子游戏达到智力对抗等级的电子游戏体育形式。电子竞技以电子信息技术为支撑、以电子设备为器械、在虚拟环境中进行、以竞技获胜为目的，是具备严密规则体系的运动。它既能像传统体育项目那样达到锻炼人的身体和精神的目的，也能通过运动传达正确的体育价值（Hamari and Sjblom，2017）。电子竞技既具有传统体育项目的一般特征，如对抗性、竞赛性、规则性、锻炼性、价值性等，又具有传统体育项目所不具备的电子性、虚拟性、消费引领性等个性特点（Jenny et al.，2017）。电子竞技产业是指随着电子竞技和电子游戏发展而出现，涵盖电子游戏开发、电子竞技赛事组织、电子竞技周边产品生产和销售、电子竞技人才培训等的融合型新兴产业（金轲和王昕，2017）。

2.2　产业联盟相关研究

产业联盟，也称为企业战略联盟，于 20 世纪 80 年代在发达国家和地区成为常见的企业中间组织。本部分主要介绍产业联盟的概念与类型以及产业联盟成员网络研究。

2.2.1　产业联盟的概念与类型

2.2.1.1　产业联盟的概念

产业联盟（或称战略联盟）的概念最早由美国 DEC 公司总裁 J. Hopland 和管理学家 R. Nigel 提出，是指两个及以上实力相近的企业为了共享战略资源和市场空间，通过契约或协议结成的优势互补、风险共担、资源相互流动的网络组织（张延锋等，2003）。此后，国内外学者进行了大量的理论研究，对战略联盟概念进行了不同的阐述。

其中有观点认为，战略联盟是相对独立的经济组织，是为了实现战略目标而建立的长期合作关系。战略定位学派的代表人物迈克尔·波特（Porter，2011）认为，战略联盟是组织超越竞争关系而建立的合作，但是这种合作并没有达到合并的程度。Culpan 和 Refik（1993）则认为，战略联盟是追求共同战略目标的跨国公司间签订关于合作安排的各种协议协定。Sierra（1995）认为，战略联盟是从事相同活动的企业之间的合作，是由平时本是竞争对手的企业组成的一种竞争性联盟。何畔（2000）指出，战略联盟是组织间通过签订协议而形成的风险共担、优势互补的一种松散型网络组织。Child 等（2005）在 *Cooperative Strategy* 一书中指出，产业联盟是具备独立性的企业之间通过合作与签订协议来实现资源共享的中间组织。Tjemkes 等（2017）定义公司群体共同签订合作协议，以实现联盟组织的战略目标即为产业联盟。袁红梅（2014）认为，产业联盟是各联盟组成成员之间结成的整合资源和相互合作的模式，它是一种成员之间互为补充、互相协作的联合体。

此外，有观点认为，战略联盟是包括并购在内的组织之间长期合作关系的总称。以 Borys 和 Jemison（1989）作为代表人物，他们认为战略联盟是两个以上的组织共同结合为独立组织关系或形式，包括并购、许可协定、合资公司、研发伙伴合作关系等，组织成员间共享彼此的资源。Wilson 和 Hynes（2009）认为，联盟是企业之间为实现风险共担、利益共享等战略目标而组成的组织形式，如科研共担、经营许可、双方贸易协议等。Bullinger 等（2010）认为，产业联盟是为了实现企业战略目标，企业之间进行互换技术成果协议、合作生产研发、独家性购买协议以及共同开拓市场等信任活动。

2.2.1.2 产业联盟的类型

美国研究理事会根据企业产品周期和联盟合作重点，将战略联盟划分为研究开发阶段的战略联盟、生产制造阶段的战略联盟、销售阶段的战略联盟和全面性的战略联盟（Council，1992）。Simonin（1991）根据合作的紧密程度，将联盟划分为组织间非正式合作、签订契约性协议、组织间合资、通过股权参与其他组织的管理、为了解决重大问题而进行的国际联合五种形式。Peng S. 和 Dorothy Heide 根据参与联盟的主体，将战略联盟分为与客户组成的联盟、与供应商组成的联盟、与政府和学校等非企业组织组成的联盟、与竞争对手组成的联盟、与技术关联企业组成的联盟等。Pucik（1991）按照动机把产业联盟划分为五个类型：因技术变动而建立的联盟、联合销售或联合分销、合作生产和 OEM 协议、共同开发产品项目以及合资企业。Belderbos 等（2004）依据在技术研究开发阶段企业选择合作伙伴目的的不同，将联盟分为五种类型：①与供应商合作，构成技术联盟；②与竞争者合作；③与企业研发关系密切的组织合作；④与产品用户合作，构成研发联盟；⑤与非企业组织合作。代莹艳（2008）把联盟分为营销联盟、产品联盟和技术联盟三种类型。张海生（2007）将产业联盟划分为技术标准产业联盟、产业链合作产业联盟、研发合作产业联盟、市场合作产业联盟四种类型，目的分别是制定产业技术标准、实现产品供应链的市场竞争力、提高企业技术研发的实力以及降低成本、提高竞争力以满足市场需求。邱晓燕和张赤东（2011）从市场集中度、成员间关系及差距三个维度对产业联盟进行划分。Kimiagari 和张赤东（2015）根据企业间的合作紧密程度，将产业联盟分为契约型、股权、合资型、国际联合以及非正式联盟五种类型。

2.2.2　产业联盟成员网络研究

2.2.2.1　产业联盟网络的内涵

早在 1998 年 Stuart 就提出：以多家企业之间通过战略合作关系构建的双边联盟为中心形成的网络组织即为联盟网络（Stuart，1998）。冯海红和王胜光（2008）认为，联盟网络是以企业战略联盟、产业技术联盟等为主体，包括技术研发合作关系、产业链配套关系等有利于企业规避研发风险、降低交易成本、拓展产业市场的网络关系的综合。此外，现有研究还从不同的角度对产业联盟网络进行了界定。

基于共同目标的角度：刘翼（1999）认为，联盟网络成员未必来自同一个地区，联盟成员的发展目标、企业规模、经营方法等可以不一致，但共同点在于在某一时间段所要达成的目标是一致的。吴翠花和万威武（2005）认为，联盟网络是由若干个企业为实现共同的战略目标，结合自身所面临的内外部环境而组建的网络组织形态。刘海潮（2007）认为，联盟网络由核心企业和与其具有共同目标的节点组织，如供应商、中介机构、科研机构、政府部门等，通过合作等方式所形成的互利共赢的复杂系统。焦俊和李垣（2007）则认为，联盟网络就是企业为了应对日益激烈的市场竞争，联合其他组织共同组建的新兴组织形式，以实现企业更好的发展。

基于资源获取的角度：Gulati 等（2000）认为，联盟网络就是联盟企业形成的一张关系网，而联盟则是企业间为实现知识、技术等资源的共享而自愿达成的协议。王永贵和卢兴普（2002）认为，联盟网络是不同企业为实现已有的资源与外部资源的融合，催生新的有效资源而构建的一种新型组织形式。张莹和吴翠花（2005）认为，联盟网络应该包含以下三个要素：①不同企业之间相互合作；②获取企业所没有的资源而达到资源互补；③推动联盟更好地发展。

基于社会网络的角度：Gulati（1998）认为，战略联盟追求共同的经济利益和组织目标，网络形成的基础是企业社会存在的融入性和客观性的要求。Jarillo（1988）在联盟组织网络的基础上提出"核心企业"的概念，认为核心企业是发动和维持战略联盟网络的组织，企业间的战略联盟网络能更有效地降低成员企业的交易成本。

2.2.2.2 产业联盟成员选择

成员选择是产业联盟形成的前提和基础，关系到联盟组织的成败，引发了众多学者的关注（林雨洁和谢富纪，2013）。对于产业联盟伙伴选择的研究自20世纪80年代逐步开展，近年来也逐渐成为学术界研究的焦点。Faulkner（1995）认为，联盟伙伴的选择不仅要考虑战略配合和技术适配等硬性因素，信任、关系等软性因素也应考虑，高度的战略配合是联盟成功的基础。Brouthers 等（1995）研究发现，互补性、合作文化、合作目标和风险共担是联盟伙伴关系中的重要影响因素。Hitt 等（2000）指出，不同国家的企业在选择联盟伙伴时有着不同的准则，如发达国家的企业在选择联盟伙伴时着重考虑当地市场知识、独特能力和进入准则等指标；而新型市场国家的企业则更加关注技术能力、金融资产、无形资产、专业知识等方面的指标。杨东奇等（2012）提出，联盟伙伴个体因素、联盟伙伴关系因素、联盟合作后效应因素是影响研发联盟合作伙伴选择的主要因素。

此外，一些学者从合作伙伴硬性条件和软性条件两个方面对合作伙伴选择的影响因素进行分析。例如，郭军灵（2003）认为，潜在联盟伙伴应具备互补性竞争优势和资产、充足的能力、匹配的力量、相似的文化等条件。Child 和 Faulkner（1998）提出，影响企业选择联盟伙伴的软性因素包括信任、关系等，硬性因素则包括联盟伙伴间的战略配合及协同优势。喻金田和胡春华（2015）认为，企业主体合作伙伴选择的关键要素包括企业的能力、知识共享、相互兼容性等，并指出合理选择合作伙伴能够提升技术联盟的协同创新能力。

一些学者则从产业联盟相关主体的角度，分析了不同主体的行为对合作伙伴选择的影响（黄哲和刘玉颖，2018）。张敬文等（2016）发现，企业文化背景、技术资源、信息沟通和合作意愿对联盟合作伙伴选择具有显著影响，其中，合作意愿在企业文化背景、技术资源、信息沟通对联盟合作伙伴选择的影响过程中具有中介作用。殷群和李丹（2014）提出，产业创新联盟可以考虑从联盟协调、政策引导、主体和谐三个方面加强和优化联盟合作伙伴选择行为。

2.2.3 产业联盟研究评述

在市场经济快速发展的时代背景下，为了扩大市场份额以及提高企业自身的竞争力，众多企业力求通过合作以改变组织战略，因此产业联盟形成的内外部动机是合作共赢（魏玲，2018）。从以上研究可知，产业联盟伙伴选择对企业目标实现具有重要作用，只有选择适合的企业进行合作，才能有效增强企业间协同创新的效果，从而提高产业联盟的合作创新成功率。综合国内外学者对产业联盟及战略联盟的理解，本书认为产业联盟是两个及以上企业、政府（包括政府部门）为了拓展新市场、研发新技术（产品）、共享新机遇而组成的共享利益、共担风险的中间组织。通过研究国内外相关文献，得出当前的研究重点主要为产业联盟及产业联盟网络的界定、分类以及成员选择策略等。为了发展电子竞技产业，联合上下游企业建立电子竞技产业联盟成为中国电子竞技相关企业的通常做法，而为了分享电子竞技产业发展红利，促进地方经济转型，很多地区把电子竞技作为优先发展的方向，也愿意成为电子竞技产业联盟的成员。基于以上研究成果，本书定义电子竞技产业联盟是指电子竞技相关企业、地方政府、传媒等为了分享电子竞技产业发展红利、占领电子竞技市场、统一电子竞技行业技术标准、促进电子竞技产业繁荣和自身发展而组成的联盟。在知识时代背景下研究电子竞技产业联盟知识的传递、共享、创新，对于整个企业以及整个产业联盟来说都起着至关重要的作用。

2.3　知识联盟相关研究

　　20世纪90年代以后，随着产业联盟的发展，以分享合作伙伴知识、增强企业竞争能力为目的的技术与学习型联盟（或称知识联盟）成为主要的企业联盟形式。知识联盟不是为了扩大生产和销售而组成的协作关系，其与传统联盟最重要的不同之处，也不在于参与联盟的企业间的合作多于竞争，而在于企业建立知识联盟更加注重联盟内不同组织间低成本的知识交流、分享和创新。联盟成员之间以知识为连接纽带，知识的共享和创造是知识联盟的主要任务，推进新技术、新知识、新业务的开发和成长是知识联盟的目的（史建锋和张庆普，2017）。通过知识联盟，企业可以获得核心竞争能力——知识创新能力的提升，从而显著提升企业竞争力。

2.3.1　知识联盟的内涵与类型

2.3.1.1　知识联盟的内涵

　　知识联盟是战略联盟中的一种，最早由Inkpen（1996）提出。学者们以知识获取和学习导向为视角，提出了"知识联盟"的概念，并将知识联盟归为战略联盟发展的高级阶段，与产品联盟、技术联盟并列（Morrison and Roth，1992；Schoenmakers and Duysters，2006）。Prasad（1992）指出，战略联盟可以分为两种不同的联系方式：一种是围绕零部件供应，以成本最小化为纽带；另一种则是以知识为纽带，知识的学习和创造是主要特征。有学者提出，战略联盟按合作领域可以划分为以市场占有率为核心的市场联盟、以产品生产为核心的生产联盟、以知识转移或知识创新为核心的知识联盟（Albers et al.，2016；Tjemkes et al.，2017）。知识联盟是从知识的角度来分析联盟合作的动机（史建锋，2017）。从广义的角度来说，知识联盟是指不同的组织结成联盟，相互之间不是以产品而是以知识为纽带，通过知识共享、整合、创造等方法实现知识应用，最终提升自身创新绩效和竞争优势。从狭义的角度来说，知识联盟指联盟成员间双边技术知识转移的模式，如联合研发项目，其主要目标是获得新的或互补的技术和知识，并且加快学习创新过程（Chen，2004）。Doz（1996）指出，知识联盟的主要目标是学习并创造新技术或知识，知识联盟可以让企业从其他组织那里学到更专业的知识，或者同其他企业合作进行技术创新。麦耶斯（1998）认为，更注重学习、更大的战略潜能、更紧密的协作关系以及更广泛的联盟成员是知识联盟的四大优势。陈菲琼（2002）指出，提高企业核心能力、分散研发的资金压力和管理创新风险、进入国际市场等是企业知识联盟的主要动机。

知识联盟既可在企业与企业、高校与高校等组织间实现，也可在产、学、研等异质组织之间形成（李新男，2007）。合作各方在资源和市场上的相似性，使得彼此之间更容易获取和利用对方的知识。但合作方之间本身也存在着竞争关系，如何避免本组织内部知识泄露，学习到合作伙伴的知识，成了联盟组织要考虑的关键问题，因此在很多情况下同质体联盟并不稳定（Novy，2012）。对比同质企业联盟，产学研知识联盟的稳定性更强，合作领域也更为广泛。但同时，由于联盟合作伙伴的差异性，联盟成员内部的沟通管理问题、文化协同问题、利益分配问题、知识转移问题、合作风险问题等都影响着联盟的合作效率。因此，如何促进联盟伙伴间的协同发展一直是学术界讨论的热点话题（Bin，2016；Némethová et al.，2019）。任慧和和金生（2009）认为，在知识管理学科看来，企业联盟成员之间的联系可以紧密也可以松散，涉及组织内外多层次的知识交流和扩散。在这些联盟中，有一些联盟以知识的学习和创新为目标，通过与其他组织结盟来创建新的知识，实现知识的跨组织转移。因此，任何组织都是一条知识链，但组织同时可以参与到其他组织的知识链之中。当一个组织与其他组织一起建立联合体，不同组织的知识链相互交错形成知识网络，就构成了知识联盟。

2.3.1.2 知识联盟的类型

知识联盟的类型有多种不同的划分标准，如张小兰（2003）认为，知识联盟存在技术联盟、虚拟企业、研发合作等不同形式，而且按照不同的划分标准，新兴的知识联盟形式仍在不断涌现。

· 依据利益分配划分，目前比较经典的是 Khanna 对知识联盟的分类，他们以联盟内成员行为特征及其利益获取的分配情况为标准，将知识联盟划分为：①仅存在公共利益的知识联盟。这类知识联盟最典型的企业行为特征就是合作学习和合作解决知识联盟决策问题。②仅存在私有利益的知识联盟。这类知识联盟最典型的特征是联盟内企业的知识成为公共品，企业都最大限度地挖掘其价值，而在达到目的后，会选择提前结束学习过程以节约学习成本和保护私有知识。③共有和私有利益共存的知识联盟。实际上，不论私有利益的比例如何，总会有一个最低限度的共有利益吸引着各个企业留在知识联盟中继续合作学习（Khanna et al.，1998）。第一、第二类知识联盟是两种极端情况，大多数知识联盟都属于第三类，即企业在希望获得共有利益的同时，更期望获得私有利益，所以企业竞争和合作行为共存在这样的知识联盟中。

依据竞争程度划分，法国的 Pierre Dussauge 和 Bernard Garrett 把联盟分为竞争性战略联盟和非竞争性战略联盟两种类型。知识联盟也可以做类似的划分，通常认为竞争性知识联盟是结成联盟关系的成员在产品或服务提供方面相同或类似，并在同一个市场上展开直接竞争。实际上，在全部的联盟合作协定中，竞争性战略联盟已经成为当前企业战略联盟的主要形式，占比约为70%（龙勇和龚顺杰，2009）。非竞争性知识联盟是指联盟成员各方在产品或服务提供方面具有明显的差异，不会在相近的市场上展开直接竞争的知识联盟，如企业与科研院所之间建立的产学研知识联盟。

依据学习方式划分，任慧（2011）将知识联盟分为双向学习的知识联盟、单向学习的知识联盟、不定向学习的知识联盟三类。双向学习的知识联盟主要是指联盟伙伴之间拥有的知识资源或者投入联盟的知识资源数量、质量具有可比性，如传统战略联盟中的以获取高价值的知识资源为目的而构建起来的技术联盟、R&D 联盟、动态联盟等。单向学习的知识联盟主要是指知识联盟伙伴之间拥有的知识资源以及投入联盟的知识资源数量、质量不对等，通常为一方是知识的供给者，另一方则是知识资源的需求者，如产学研知识联盟。不定向学习的知识联盟是指各成员的知识拥有量以及投入联盟的知识资源的质与量没有可比性，如国内大量存在的知识、技术密集型产业聚集区。这些区域的一个共性就是以信息或知识的生产、扩散和应用为基础。在这样的空间里，企业间重复交易的可能性较高，这种博弈机制导致他们之间通常能够建立起良好的信任关系，大大降低了知识传播的费用、减少了传播的不确定性，使知识流动和学习效果得到较好的保障。

2.3.2 知识联盟成员知识共享

2.3.2.1 知识共享的定义

随着组织间合作的增多和日益频繁，跨组织的知识共享成为研究的重要内容。学者们从不同的角度定义知识共享，有代表性的观点如下：

Hendriks（1999）指出，知识共享过程与商品流通不同，它是一个沟通的过程。知识共享有两个主体：一是知识拥有者，他有能力采用合适的方式与另一方进行沟通，且必须愿意共享知识；二是知识重建者，他能够通过模仿、倾听、阅读等方式来理解这些知识，并将其内化为自己的知识。知识共享的一方在向对方学习知识时，要有相应的知识基础，这样才能够学习并吸收对方的知识。Dixon（2000）则认为，知识共享是使他人知道该知识，最终使整个组织都知道该知识。

学术界通常把知识共享看作是知识转移的一部分，但也有学者认为二者之间有区别。Nonaka 和 Takeuchi（1995）指出，知识创新是在知识共享这一基础上实现的，知识共享推动了知识转移活动。Paulin 和 Suneson（2011）认为，知识共享的对象比较单一、共享的内容比较分散，知识共享仅发生在个体之间；知识转移的对象多元、转移内容比较集中，发生在个体与组织或组织与组织之间。Kletter 等（2020）指出，成功分享知识的组织有五个特征：①互动，即成员具有双重角色，每个成员都能转移和接收知识；②分段，即知识共享过程是一个循序渐进的过程，但必须围绕一个核心任务；③分布式，即知识在各成员间的转移和共享通过一个集中的平台；④受规制，即成员的活动是可衡量的和非常敏感的，受到奖惩的制约；⑤自我强化，即知识社区自身能衍生更多的价值。

2.3.2.2 知识共享的影响因素

知识共享是一种社会互动文化，包括跨部门和跨组织进行知识经验和技能的交流（唐承林和顾新，2020）其研究多数围绕着共享的必要性、利益分配、影响因素、共享内容、机制建构等主题展开（Ipe，2003）。关于知识共享影响因素的研究，Jumaat 等（2019）通过构建 Facebook 群用户知识共享的影响因素模型发现，在互联网环境下，社交网络分享文化会直接影响知识共享行为。胡刃锋和刘国亮（2015）对移动互联网环境下产学研协同创新知识共享的影响因素进行了实证研究，结果发现，知识共享内容、移动互联网环境、移动互联网技术对知识共享意愿具有正向影响，知识共享内容与移动互联网技术能够直接正向影响知识共享行为。Wegner 等（2015）将企业内部知识共享的影响因素分为情景因素、文化因素和机制因素三类。路琳（2006）分析了组织内部因素与知识共享的相关性，结果显示，组织信任、个体利益及成就感与知识共享有正相关关系。Lin 等（2009）认为，工作态度、组织文化、企业领导和信息媒介是影响知识共享的四个方面。邱茜等（2010）认为，个体、组织、知识主体和环境氛围是影响知识共享的主要因素。Park（2010）指出，跨国企业的信任度、支持度比一般组织氛围对知识分享具有更多的正向作用。陈涛等（2013）通过实证研究发现，知识距离是组织间知识共享的前因变量，并对其产生影响；环境不确定性因素对知识距离和组织间知识共享具有正向调节效应。李卫东和刘洪（2014）研究了研发团队的知识共享意愿，结果发现，同事信任对知识共享意愿存在显著的直接和间接正向影响，知识权力丧失和互惠互利在同事信任与知识共享意愿的关系中分别起部分中介作用。

2.3.2.3 知识共享机制

关于如何构建知识共享的机制，宋宝香和彭纪生（2007）通过知识共享的内在方式与途径，从知识主客体、共享过程及手段等方面提出了知识共享机制。Yao 等（2007）的研究表明，实现知识共享的主要障碍是缺乏激励机制，合作性的奖励机制会促进组织间知识共享，但竞争性的激励机制会产生相反的效果。丛海涛和唐元虎（2007）讨论了实现隐性知识有效转移的共享机制，并设计了共享激励模型。Quigley 等（2007）在三个不同激励理论的基础上构建了促进知识提供者与接收者之间知识共享的激励机制，并分析了共享机制对共享双方的作用。

2.3.3 知识联盟成员知识创新

创新是指在人类社会中，从功能、组织、理论、方法、流程等方面首次引入的新的变化或新的东西。独创性是创新最重要的特征，根据创新的对象或内涵，可以将创新分为技术创新、知识创新、组织创新、管理创新、制度创新等（Von Hippel，2006）。下面介绍两个与本书关系最密切的概念——技术创新和知识创新，并对二者进行区分。

2.3.3.1　技术创新

技术是人类为提高社会实践活动的效率和效果而积累、创造并在实践中运用的各种物质手段、工艺程序、操作方法、技能技巧和相应知识的总和（王明荣，2011；王树恩和陈士俊，2001）。技术创新指按照市场需求将技术成果、技术知识物化为产品，并实现其商业价值的动态过程（蔡翔和严宗光，2001），包括技术上的新产品和新工艺以及技术上有重大改进的产品和工艺（路甬祥和汪继祥，1998）。技术创新包括技术革新和技术突破两种类型。技术革新是技术的局部进步，是在原有技术原理的范围内，对原有旧技术组成要素、物质结构、制作流程等某个方面进行改进或改良，以提高性能、改善属性的过程，是一种"质变"。技术突破是在现有技术原理之外发现了新的原理，并在此基础上发明了新技术，这种新的技术在性能指标方面超越了旧有技术所能达到的极限。技术原理创新是一种"量变"。比较而言，技术突破更能够推动技术指标达到新的高度和水平，甚至可以引发革命性的变革。

2.3.3.2　知识创新

知识是人类社会迄今为止所创造、掌握的全部关于客观世界的认知成果。知识以实用性作为判断标准，具体而言，就是能否让人类创造新物质、加强力量等。知识创新是获取新知识的过程，知识创新的目的就是获取新知识。从经济学的意义上来讲，知识创新就是通过创造、引进、交流和应用，将新思想转变成为市场化的商品和服务，以取得企业经营的成功、民族经济的发展和社会整体的进步（Howells，2002；Von Hippel，2006）。经济学上的知识创新主体一般是企业或企业联合体，知识创新过程同时也是知识经济化的过程。知识创新涵盖了技术和管理的创新等内容。Amidon 于 1997 年全面论述了知识创新的概念、原则及评价体系，他认为知识创新是指"为了企业成功、经济发展、社会进步，创造、演化、分配和应用新的思想，并使这些新思想转化为商品和服务的过程"。此外，有学者认为，知识创新是指企业通过知识管理，在知识获取、处理、共享的基础上不断追求新的发展，探索新的规律，创立新的学说，并将知识不断地应用到新的领域并在新的领域不断创新，不断增强企业核心竞争力，最终使企业获得经营成功的过程（野中郁次郎等，2006）。知识创新不等于知识创造，知识创新往往强调知识的应用价值，而知识创造则更加强调知识的"新颖性"。

知识创新与技术创新二者相互影响、相互促进，知识创新是技术创新的基础，而技术创新可以通过实践拓展知识的问题域，从而加快知识创新（Amidon，1997）。

2.3.3.3　知识创新的影响因素

按照知识创新的主体和客体，知识创新涉及组织的结构、文化，创新主体的人格特征，创新的意愿、氛围等诸多因素。Wang 等（2011）认为，组织文化是知识创新能力的关键所在，权力距离和不确定性规避会对知识创新能力产生消极影响，而集体主义对知识创新具有积极影响。胡海青等（2011）通过实证研究验证，以下四个因素对知识创新的影响程度由大到小依次为：知识吸收、网络异质性、知识共享意愿、知识属性。吴杨和苏竣（2012）将知识创新的影响因素总结为创造力与知识创新构成要素两类，创造力包括成员构成、创新氛围、信息沟通渠道、动机、外部信息等；知识创新构成要素包括工作环境、内部动机、知识资本、外部信息和内部交流等。Mouritsen 和 Larsen（2005）认为，知识是独立存在于员工个体之上的，个体知识创新对组织意义重大。因此，组织应该重视对个体创新的挖掘，实行扁平化的管理更容易发挥员工开展知识创新的积极性。但也有学者认为，除了关注个体创新外，组织知识作为一个整体，更需要从宏观角度关注如何将知识作为一种资本进行创新。

2.3.3.4　知识创新过程

关于知识创新过程的研究，Nonaka 和 Takeuchi（1995）首次提出的SECI 知识创新过程模型指出，知识转化具有社会化（Socialization）、外部化（Externalization）、组合化（Combination）、内部化（Internalization）四种模式。Heisig（2001）提出了知识创新的四过程理论，即知识产生—知识储存—知识传播—知识运用。王玉梅（2010）将知识创新的运行划分为知识创新构思、知识创新构思评价、知识创新成果的研发、知识创新成果的商业化、知识创新的反思五个阶段。纪慧生等（2011）以产品开发为例，说明了知识创新可以分为创意发现、概念原型、产品研发和组织创新四个阶段，提出了知识创新的双螺旋理论：个体—团队—组织—跨组织是知识在创新主体间的知识螺旋；创新想法—概念原型—产品实现—组织创新是知识在产品开发过程中的知识螺旋。

2.3.4 知识联盟研究评述

由以上研究可知，知识联盟是提升企业核心能力的重要途径。知识共享是指在组织内部及跨组织间通过各种渠道进行知识的交换和讨论，其目的是提高知识利用率并产生知识效应。电子竞技产业知识联盟是电子竞技产业联盟的一种，是电子竞技产业联盟中以知识为连接纽带，以知识的共享和创造为任务，推进新技术、新知识、新业务的开发和成长的联盟。由于电子竞技产业本身就是一种新的经济形式，电子竞技产业联盟应当更加注重不同企业关于电子竞技市场、电子竞技产品、电子竞技赛事、电子竞技传播中的知识分享和创造，推进电子竞技产业新技术、新知识、新业务的成长和开发。基于上述分析，可以得出电子竞技产业知识联盟的定义如下：电子竞技产业知识联盟是电子竞技产业链条上的电子游戏开发企业、电子竞技赛事组织者、传媒、电子竞技周边产品开发生产企业以及有意向发展电子竞技产业的政府部门组成的，通过知识分享、学习和研究推动电子竞技产业上、中、下游以知识创新为目的的联合体。

2.4 知识联盟绩效研究

在经济领域，绩效有成绩和效益的意思。在社会经济方面，绩效指的是社会经济活动的结果和成效（程勇，2012）。从管理学的角度来看，绩效是组织期望的结果，是组织为实现其目标而展现在不同层面上的有效输出，它包括个人绩效和组织绩效两个方面（Cherrington，1994）。德鲁克认为，组织一切活动的目的就是该组织的绩效。组织绩效应当建立在个人绩效实现的基础上，但组织绩效并不等同于个人绩效。如果组织绩效按照一定逻辑分解给了个人，而个人又全部实现了这些目标，那么组织绩效和个人绩效就实现了统一（Subramanian and Nilakanta，1996）。

2.4.1 产业知识联盟绩效评价的维度

虽然针对电子竞技产业联盟，尤其是电子竞技产业知识联盟的绩效研究还比较少，但产业联盟绩效的衡量和测度一直是重要的研究热点（Nielsen，2007；Shakeri and Radfar，2017）。如何借鉴其他领域产业知识联盟绩效的分析维度，建立适合电子竞技产业知识联盟绩效的分析维度，是进行绩效影响因素研究的基础。在目前关于产业联盟绩效的研究中，其评价主要分为客观评价、主观评价、过程评价等方面（Babafemi，2015）。早期的研究主要是对跨国企业的国家合作进行测评，如 Kauser 和 Shaw（2004）的研究结果表明，跨国战略联盟的绩效并不高，很多联盟成立后并没有对企业和整个联盟的绩效提升有显著的帮助，甚至有的在很短的时间内走向了衰亡。对于联盟失败的原因，由于评价维度不同，结果的归因存在很大分歧。有别于单一组织，产业联盟绩效评价需要涉及众多的主体，这加剧了电子竞技产业知识联盟绩效评价的复杂程度。本书将对联盟绩效评价的维度从客观、主观、过程三个方面展开述评。

2.4.1.1 客观评价维度

早期关于联盟绩效的研究多采用客观指标，主要由财务及其他可以测度的指标构成。在现有研究中，联盟绩效客观指标可以分为两类：一是财务指标，主要包括销售收入、市场份额、收益率以及企业股票价格的变动等；二是非财务指标，主要包括联盟的存续实践、联盟的稳定性、联盟章程或契约是否变化等（Stouthuysen et al.，2017）。

尽管客观指标可以满足数据的科学标准，但是这些指标仍然存在缺陷，并不能完整反映联盟的绩效情况。这两类客观指标中，财务指标是最重要的内容。如果企业或组织加入产业联盟的目的只是改善财务状况，那么以财务指标来衡量联盟绩效有其合理性，但是财务指标本身是由很多因素决定的，财务指标的改善并不一定来自产业联盟的贡献，单个企业的财务指标状况并不能说明联盟绩效的变化。此外,企业或组织加入产业联盟,尤其是知识联盟,目的除了增加收入、改善财务指标,还有发现新的市场空间、获取新的知识、研究新的技术等,这些目标是着眼于未来的。短期内,联盟对知识创新的布局需要大量投入,而这些投入会拖累企业的财务指标,所以以财务指标衡量知识联盟绩效并不十分合理。财务指标并不是测量学习的直接方法,用财务指标来衡量知识绩效容易失真。所以,以财务指标来衡量知识联盟绩效,就会出现联盟成员对联盟绩效的主观评价与财务评价不相符的情况,即有可能财务指标很好,联盟主要成员仍然对联盟绩效不满意;或者即使联盟成员的财务指标并不好,联盟成员尤其是主要成员仍认为联盟改善了企业的知识创新能力。

2.4.1.2 主观评价维度

随着统计方法的发展,研究者越来越倾向于运用主观研究方法来测量调查对象的主观感受,并通过一定的统计方法将其转换成数据来进行分析,这种分析方法被称为主观分析法。与客观评价恰恰相反,主观分析法通过调查问卷获得被调查者的主观感受与评价,并以此作为标准对产业联盟绩效进行评价。于是就出现了考虑联盟满意度等的主观测度指标。这些主观测度指标主要包括联盟目标的完成程度、联盟的满意程度、伙伴关系融洽度、伙伴关系平衡度对企业绩效的促进程度等。苏中锋等(2007)在衡量产业联盟绩效时,基于主观评测方法,从联盟对企业的市场表现的促进、联盟成员对联盟的满意度等方面设置了四个问题:我们对联盟的合作成果感到很满意;我们与合作伙伴的合作关系非常愉快;通过合作扩大了我方的市场份额;通过合作强化了企业的竞争优势。张涵等(2015)在测量联盟网络联系、公平感知与联盟绩效的关系时,以联盟成员对合作的满意程度以及联盟对企业竞争优势的影响来度量联盟绩效,对联盟绩效的测量包括四个题项:通过合作,我们开发出更多创新成果;我们与合作伙伴的关系非常融洽;合作扩大了我方产品的市场份额;通过合作强化了企业的竞争优势。主观评价指标体系同样也存在诸多的弊端,它受到评价人员主观意识影响而显得波动性较大。

产业知识联盟绩效评价的主客观指标汇总如表2-1所示。

表 2-1 产业知识联盟绩效评价的主客观指标汇总

客观评价法		主观评价法	
指标	文献出处	指标	文献出处
利润率	(Tomlinson，1970)	企业对联盟合作过程的满意度	(Glaister and Bukley，1998)
销售额	(Lesraw，1984)	企业对联盟成果的满意度	(苏中锋等，2007)
联盟存续期限	(Kogut，1998；Harrigan，1986)	联盟对企业绩效的促进程度	(Nielsen，2002)
联盟合约变化	(Gomes-Casseres，1987)	联盟目标完成程度	(Ariño，2003；Parkhe，1993)
联盟所有权变化	(Geringer and Frayne，1990)	企业目标完成程度	(Beamish，1985)
经营成本变化	(Morrison and Roth，1992)	财务绩效（主观判断）	(Lunnan and Haugland，2008)
联盟营运能力	(Blodgett，1992)	伙伴关系融洽度	(Ariño，2003)
市场占有率变化	(Baker and Sinkula，1999)	伙伴关系平衡度	(Geringer and Hebert，1991)
企业股指变化	(Merchant and Schendel，2000)	企业能力提升度	(李伟，2011)
资产负债率	(陈菲琼，2003)	知识转移效率	(Nielsen，2007)
资金周转率	(宿伟玲，2004)	组织学习程度	(Mowery et al.，1996)

2.4.1.3 过程评价维度

在主观评价和客观评价的基础上，很多学者对联盟绩效的评价涉及联盟运行的各个方面，研究者的研究目的不同，采用的指标也各有不同（Ouyang，2020）。但无论是主观评价还是客观评价，都难以做到绩效联盟的全过程评价，如有些联盟可能在初期绩效并不出色，但在中后期则绩效显著。所以，很多研究者认为，应当侧重联盟的过程评价。他们将产业联盟的运行绩效视作一个动态的变化过程，在联盟的不同发展阶段，绩效指标的测量应当有所侧重（Rashid and Naeem，2017）。

采用过程评价对产业联盟绩效进行评价，首先要对联盟的生命周期进行划分。一般说来，产业联盟生命周期大致可以分成组建阶段、成长阶段、成熟阶段、衰退阶段（王亚彬，2016）。也有学者在其研究过程中对此进行了简化，直接将其划分为联盟组建阶段和联盟组建后阶段。过程评价法认为应当结合不同的阶段对联盟绩效进行评价（Wegner et al.，2015）。反映联盟绩效情况的客观评价指标，如专利数量、新产品数量和开发速度、市场占有率等要素应当在产业联盟的成熟阶段予以测评（Sonnemann et al.，2018）。在联盟的组建和成长阶段，应当更多考虑联盟组织程度、完整程度和知识传播速度、技术更新速度等。任丽丽等（2017）在研究伙伴关系对知识联盟绩效的影响时，将知识联盟的生命周期分成联盟形成、联盟形成后两个阶段，分别对应不同的题项。知识探索性绩效因子包括与联盟伙伴合作过程中学到的知识有助于优化决策过程、提高创新性、提高产品或服务的质量三个题项，强调的是不断探索获取新知识和应用新知识产生的有关创新方面的组织绩效。知识改良性绩效因子包括与联盟伙伴合作过程中学到的知识有助于增加收益、扩大业务领域、降低成本三个题项，强调的是学到的知识对现有知识和技能的扩展以及应用现有知识产生的组织财务方面的影响。

2.4.2 产业知识联盟绩效的内部因素

企业经营管理者常常假设产业联盟可以提升组织创新能力和绩效，这也是他们加入产业联盟的重要动机。然而研究表明，产业联盟并不必然促进知识创新。有些学者如 Keil 等（2010）、Souitaris（2001）的研究证明，产业联盟对企业技术创新有推动作用，而另一些学者的研究则表明产业联盟在这方面的作用并不明显（Weck and Blomqvist，2008）。因此，为什么有些联盟在知识创新方面比较成功、哪些因素对产业联盟知识创新具有关键的促进作用成为研究的焦点。传统理论从联盟和企业内部寻找创新的关键要素。

2.4.2.1 联盟的网络结构

随着社会网络理论的兴起，很多学者从网络角度研究产业联盟知识创新问题。学者们关注以下三点：一是网络的规模，即联盟的成员数量。Lahiri 和 Narayanan（2013）指出，随着参与的网络规模的扩大，成员就越有可能从联盟中获取自身所不具备的异质性知识，从而有利于成员创新绩效的提升。二是网络的结构，包括整体结构特征（Tsai and Wenpin，2001）、网络位置（Dong and Yang，2015）和中心度（孙彪等，2012）等。杨伟等（2015）的研究表明，组织复杂程度与行业联盟创新效率存在倒"U"形关系，行业协会牵头的产业联盟具有更高的知识共享率，高校、科研机构牵头的产业联盟具有更高的技术合作率。三是由结盟产生的资源，Batjar-gal（2003）、孙彪等（2012）认为，联盟社会资本、关系资本有助于联盟创新。薛卫等（2010）的研究证实，关系资本和组织学习是提升研发联盟企业绩效的关键因素。关系资本构建的途径包括契约治理和关系治理，其中关系资本与契约治理具有倒"U"形的非线性关系，与关系治理具有线性的正相关关系；企业开展的组织学习不仅受到自身学习意图的影响，还受到关系资本的影响。赵炎和郑向杰（2013）以十个高科技行业产业联盟为例，利用社会网络分析方法，研究了联盟成员网络嵌入性与地域根植性对知识创新的影响，结果表明，个体中介中心性与行业网络密度对嵌入企业的创新绩效都有显著的正向影响，但中介中心性的影响具有明显的滞后效应；企业所在区域位置对其创新绩效的影响不显著，但企业的区域位置对联盟网络密度影响创新绩效具有调节效应，不在三大经济圈内的企业所在行业的网络密度对其创新绩效不产生影响。彭伟和符正平（2015）的研究表明，强关系网络联盟、占据网络中心位置对高科技新创企业绩效有显著的促进作用，资源整合在联盟与新创企业绩效关系中有中介作用。

2.4.2.2　公平与信任

Kumar 和 Scheer（1995）指出，公平比效率更能促进联盟绩效。Poppo 和 Zhou（2014）认为，公平能够增进成员间的合作，促进知识分享，从而影响联盟绩效。Birnberg（1998）认为，建立信任关系是维护联盟的关键，信任可以在一定程度上取代控制，联盟伙伴间的信任来自两个方面：一是联盟各方都希望有一个互惠标准；二是联盟各方都认为违约会被人们唾弃，损失更大。陈宏志（2004）认为，企业愿意提供联盟伙伴更好的资源是源于对联盟合作伙伴的信任，信任是企业长期合作发展的基础。吴绍棠和李燕萍（2014）的研究表明，信任是产业联盟创新绩效的中介因素，而合法性对信任影响创新的程度有调节作用。张延锋和田增瑞（2007）认为，建立信任是提高联盟绩效的基础，联盟成员良好的声誉有助于提升联盟的合作效率。

2.4.2.3　成员能力

龙勇和龚顺杰（2009）认为，企业联盟成员的创新能力积极影响创新联盟的合作效率。通过学习，新的知识或技能可以被公司获取、掌握，而且可以投入实践。曹兴等（2010）认为，知识传授能力、知识吸收能力可以归纳为"知识转移能力"，知识转移能力正向影响联盟绩效。龙凤珍（2011）研究发现，在选择技术合作伙伴时，声誉良好的公司是最好的选择，并且为了更好地提升公司的合作绩效，可以将知识转移能力作为选择联盟伙伴的首要评估因素。汪颖（2011）指出，与联盟成员的匹配度呈正相关的两个变量为技术进步速度与跨国企业竞争力。史建锋和张庆普（2017）通过进一步研究得出，联盟成员间的合作可以在一定程度上提升成员应用外部知识的能力以及企业创新能力，最终达到提升企业绩效的目的。

此外，不同学者指出，联盟伙伴关系、运作机制、价值主张等因素均会不同程度地影响联盟合作绩效（李明星，2009；李明星等，2016）。

2.4.3 产业知识联盟绩效的外部因素

产业知识联盟绩效除了受自身联盟网络、联盟伙伴的能力、联盟成员之间的信任合作水平等内部因素的影响，还受外部政策、经济水平等外部因素的影响，学者们对此进行了研究。

2.4.3.1 政府作用

政府在产业联盟组建和运行中发挥着重要作用，尤其是对产业中关键技术的研发而言，政府的支持起着重要的引导作用。同时，政府也有提升本地企业竞争力、扶持壮大某一产业的愿望，在法律和政策允许的范围内，政府会采取多种方式参与到产业联盟知识创新活动中（Dunning，1998）。政府参与产业联盟治理的动机包括促进本地经济建设、促进税收增长、创造工作岗位等。很多学者研究了政府支持对产业联盟绩效的影响。王雪原和王宏起（2009）认为，政府的支持在很大程度上决定了产学研联盟的运行效果。肖丁丁等（2011）分析了我国产学研联盟的政府引导特点，政府支持与引导对产学研联盟绩效有显著的正向影响。政府影响产业联盟的举措包括诸多方面。肖利平（2016）指出，在经济转型期，产学研联盟的知识创新和整体绩效确实会受到政府的影响。但是，在政府具体行为方面，他反对过多动用公共资源对产学研联盟进行支持，认为从长远来看，这会损害区域创新资源的整体利用效率，他主张应当更多地通过市场手段配置创新资源，政府对联盟知识创新的支持应当更多地转向人力资源方面。

2.4.3.2 地区经济

产业联盟绩效还受到区域发展水平的影响。在经济发展水平方面，有学者提出"极化效应"理论。该理论指出：当一个地区经济发展到一定水平时，就可以通过其对信息、技术以及资金等资源的吸引力，进行进一步发展。范德成和李盛楠（2018）选取 30 个省份作为实证样本，借助随机前沿模型对面板数据进行研究，结果发现，加快经济发展是提高区域创新效率的根本途径。李佳等（2020）以新一代信息技术产业为例，发现如果地区间的经济发展水平不同，会使得投入相同创新要素对创新绩效的影响存在一定差异，这种现象尤其体现在技术投入要素的作用效果上。Glaeser 等（1992）提出了动态外部经济理论，认为技术创新的主要源泉为外部规模经济所引起的外部性和知识溢出，因为区域内同一产业的聚集有助于企业间的知识扩散和技术创新，同时区域内不同产业的聚集也有利于知识扩散和产业结构优化，从而提升区域创新绩效。郁培丽和刘锐（2011）利用 2000—2008 年中国五个高新技术产业的面板数据，分析了产业结构专业化、产业结构多样性以及市场结构对区域创新绩效的影响情况，发现区域产业结构专业化显著正向影响区域创新绩效，而产业结构多样化对区域创新绩效的影响则非常有限。王超等（2017）认为，区域的产业结构水平、金融发展水平对创新绩效产出有显著影响。

2.4.4 知识联盟绩效研究评述

通过对现有文献的分析，目前对于产业联盟绩效多从主观、客观和过程维度进行评价，评价指标多为财务相关指标。知识联盟主要是通过知识共享在组织内部及组织间利用各种渠道进行知识的交换和讨论，其目的是提高知识利用率并产生知识效应。因此，单个企业的财务绩效并不能涵盖整个联盟绩效，而且也不能突出知识联盟的重点。参考以上关于产业联盟和知识联盟的绩效评价，本书提出电子竞技产业知识联盟绩效评价的维度和题项。对于知识联盟来说，首要是提升知识创新的能力，这也是成员加入知识联盟的主要动因，因而将其作为电子竞技产业知识联盟绩效评价的首要标准。知识创新能力的提升和创新绩效的改善，必然带来成员的综合实力的提升。所以，本书将从知识技术革新和综合能力提升两个维度考察电子竞技产业知识联盟绩效。

此外，联盟成员创新的能力、成员间的合作和信任水平等内部因素，以及政府支持和地区发展水平可以影响产业知识联盟绩效水平。本书将结合现有研究，构建基于以上因素的电子竞技产业知识联盟绩效的影响因素及其作用机理概念模型。

2.5　本章小结

本章对电子竞技产业知识联盟绩效相关的多个主题——电子竞技产业、产业联盟、知识联盟、知识联盟绩效等的研究现状进行了分析。对产业联盟和知识联盟绩效影响因素的研究也已经建立了比较完善的分析框架，为本书的研究建立了深厚的基础。电子竞技产业是新的产业形式，相关研究整体上比较薄弱。在实践中，电子竞技产业知识联盟是目前电子竞技产业企业间合作的主要形式，但理论界对此关注度不高，研究成果稀少。知识联盟绩效理论研究表明，联盟确实能够推动电子竞技知识创新进步，也能够建立研发—生产—市场之间的紧密合作关系，使知识创新成果尽快变现，促进"二次创新"，从而促进知识联盟绩效的提升。但是针对某一具体产业的知识联盟研究仍然比较薄弱，产业知识联盟绩效具体的影响因素还需要明确。

电子竞技产业知识联盟绩效研究有利于电子竞技产业、电子竞技产业联盟的长远健康发展。目前，电子竞技产业迎来了发展的黄金时代，电子竞技产业知识联盟也在蓬勃发展中。加快电子竞技产业联盟向电子竞技产业知识联盟转型，既是延长电子竞技产业联盟生命周期、提高其对成员吸引力的治本之策，也是推进我国电子竞技产业知识创新的重要手段。研究电子竞技产业知识联盟绩效的影响因素，继而利用研究成果指导电子竞技产业知识联盟治理工作，具有非常重要的理论意义和现实意义。

3　研究设计

本章将在知识经济理论、知识治理理论以及网络组织理论的基础上，提出实证研究模型相关假设，并根据模型详细介绍相关的研究变量：成员能力、成员关系、成员知识共享、地区发展水平、政府支持、联盟绩效的测量题项，以及问卷调查、样本概况、各变量测量工具的信度和效度检验、变量之间的相关分析等内容，为接下来的假设检验做准备。

3.1　概念模型理论基础

电子竞技产业知识联盟绩效的影响因素及其作用机理概念模型的理论基础包括知识经济理论、知识治理理论以及网络组织理论三个方面。

3.1.1　知识经济理论

3.1.1.1　基本内容

人类的生存发展从未离开过知识，只不过在传统社会中，知识与经济是相对分离的，物质生产所依赖的"经验性知识"被排除在知识体系之外。进入工业革命以后，科学与技术的结合大大促进了生产率的提升，也使得知识生产在人类社会中占据了重要地位，但是在这个时代，知识更新的速率仍然较为缓慢，由此导致了在经济分析中，经济与制度一样是作为外生变量来处理的。进入知识经济时代之后，知识更新的速度越来越快，知识也成为一个动态变化的经济要素。

知识经济学是利用经济学的理论、方法体系研究知识经济的学科。其主要研究对象涵盖了知识的生产、劳动、价值、流通等诸多方面（代明等，2016）。知识生产论主要研究的是知识生产的过程、模式、影响因素、生产率、评价、能力以及国际比较等。知识劳动论主要分析知识劳动从业者的职业特征以及知识劳动的类型、报酬、效率评价等。知识价值论包括知识价值的决定因素、构成因素研究，还有知识交换价值、使用价值的动态分析。知识流通论探讨的是知识成为商品的过程，包括知识交易与市场、知识流通与保护等。与其他经济学理论结合，知识经济不仅在内部可以细分出具体的内容，在外部也会产生新的研究领域。知识经济理论不仅包括知识产业的构成、类别、内部结构、与其他产业的关系等方面，还包括知识企业的建立、运行与发展方面的内容。知识经济化的研究对象是一国或区域的经济向知识经济转化的过程，具体包括知识经济化评价、知识经济发展路径等。知识经济企业研究则涵盖了企业知识的获取、管理、利用等方面的内容。

知识经济发展还会推动人类社会生产生活方式的巨大改变。一是经济要素结构的根本变革。现代经济是由诸多要素组成的复杂系统，经济发展不仅取决于要素供给，如生产者、生产资料、生产对象等实体性要素，还取决于要素的组合方式，如分工合作、组织管理等联结要素。科技则是一种渗透性要素。在知识经济中，知识成为最重要的组成要素，经济发展呈现知识—技术—生产的连接过程。二是产业结构变化。第三产业比重上升，对经济的带动作用增强。三是财富的性质发生变化，无形财富的重要性超过货币和实物，成为最重要的财富。知识经济对传统经济理论形成了巨大冲击。首先是经济主导要素的改变。传统经济中的资本、劳动力、土地是三大生产要素，经济的发展直接取决于这三类要素的投入。随着知识经济的到来，知识成为增长的关键要素，知识通过电子、网络、数字等形式参与生产过程。其次是知识不再符合收益边际规律。由于知识的使用并不会造成知识的减少，因此知识不再遵循收益边际规律。最后是资本与劳动力关系的颠倒。在传统经济中，资本是处于支配地位的要素。但在知识经济时代，人力与资本的地位对调，劳动力雇佣资本更为常见（Popkova，2019）。

知识经济的研究内容十分宽泛，包括经济合作与发展组织在研究报告中所提及的知识经济发展中可能遇到的各种问题，如知识经济可能会对传统经济、政府管理、社会发展造成影响。如何建立知识经济的科学体系，国家如何发展知识经济等都会成为知识经济研究的具体内容。就知识经济本身来说，它具有如下特点：一是知识成为推动经济发展的关键力量。知识对经济增长的贡献率逐步提高，在发达国家中，知识的贡献率可以达到50%以上。二是高技能人才是知识经济最重要的要素。不同于传统经济中对稀缺资源的强调，知识经济中更为重要的是要拥有高技能人才。三是高技术产业是知识经济的支柱（Hadad，2017）。

3.1.1.2　与本研究的关系

电子竞技产业符合知识经济的基本特征，电子竞技是人类认知成果的外化，其核心内容并不依赖于传统土地、资本等经济要素，但知识经济理论的规律同样适用于电子竞技产业。以知识生产、交换、利用为特征的电子竞技产业对电子竞技企业、产业组织形式有着不同于传统经济的要求。电子竞技产业联盟作为服务于电子竞技这一知识经济形态的企业组织形式，必然要满足电子竞技产业的基本要求。为此，就需要探索知识经济，具体而言，就是探索电子竞技产业的运行规律。

对于电子竞技产业知识联盟而言，选择合适的知识伙伴是联盟成败的关键。成员选择，尤其是核心成员选择的恰当与否，关系到联盟全部战略目标和效益的实现。由于电子竞技产业知识联盟知识创新本身的风险，组织成立电子竞技产业知识联盟也具有较高的风险。在电子竞技产业知识联盟运行过程中出现的任何问题都可能导致联盟成员战略伙伴关系出现裂痕，从而导致组织知识创新联盟策略的失败，由此造成比不成立知识创新联盟更多更大的损失。

在电子竞技产业知识联盟构建中，必须找到一种能够评价潜在的参与者是否适合作为联盟成员的选择标准，此过程要考虑多方面的影响因素。简单来说，电子竞技产业知识联盟成员的选择必须考虑两方面的原则：一是组织的加入能够有效推进联盟的知识创新；二是接纳某个组织所能得到的利益超越联盟为此要付出的代价，也就是说，组织加入的收益要大于成本。所以，电子竞技产业知识联盟的发起者或核心成员必须对自身的知识创新目标、潜在参与者的状况有着比较清晰的认知。影响电子竞技产业知识联盟成员选择的因素有很多。通常，国际上通行的产业联盟选择有一个

"3C"标准，即 Capability、Commitment、Compatibility，分别对应着能力、承诺和兼容性。能力是指备选成员能够达到一定的能力要求，以弥补产业联盟在某一方面的不足。承诺是备选成员要承担一定的义务。兼容性是备选成员的发展战略、企业文化要与联盟和联盟已有成员有一定的匹配度。

电子竞技产业知识联盟的核心成员一般具有一定的电子竞技行业技术优势或市场占有优势，牵头组织电子竞技产业知识联盟，其他成员可能是在其他电子竞技子市场或知识模块中占据优势。例如，电子竞技游戏开发企业拥有电子竞技游戏 IP（知识产权）优势、电子竞技技术企业具备电子竞技知识创新的技术储备优势、电子竞技行业协会具备市场优势，它们都有可能独自或共同承担电子竞技产业知识联盟的组织者角色。对于任意潜在的联盟成员来说，参加联盟最大的收益是参与联盟知识创新成果所有权的分配及产品市场化的收益，而其成本主要包括投入的资金、技术力量。电子竞技产业知识联盟的申请者可能来自诸多领域，联盟的创始者并不能掌握全部申请者的真实能力，只能根据申请者的自述进行判断。为了激励申请者如实显示其真实信息，联盟创始者要从政策优惠、收益分享等方面进行设计，使申请者如实展示自己的信息并增强联盟对其急需的成员的吸引力。其他成员根据自身条件，在满足入盟条件的情况下，申请加入联盟，并参与联盟的知识创新活动。在电子竞技产业知识联盟知识创新活动的投入既定的前提下，联盟管理者可以通过设计一定的入盟规则保证申请者信息的真实可靠。具体来说就是可以设置一定的入盟门槛，根据申请者的知识能力是否为联盟所急需来决定入盟会费的缴纳金额，并在申请者加入联盟之后，对其实际表现进行评估，如果成员工作表现符合其信息自述，且对联盟知识创新活动贡献较大，则返回部分入盟会费，并且可以根据创新工作表现分配知识创新成果所有权。

3.1.2 知识治理理论

3.1.2.1 基本内容

知识治理思想始于企业理论中交易成本理论与企业知识理论之间的巨大分歧与持续论争。近三十年来，知识运动和知识管理的蓬勃兴起标志着人类社会正在由工业社会进入知识社会。Grandori（2001）提出的知识治理概念代替了原有的企业理论，他认为其定义应是对组织内外部知识交换、转移和共享的治理，以及对知识结点的协调机制。Foss 等（2003）则提出了另一种定义方式：知识治理是通过选择或影响正式组织机制和结构，来实现知识获取、构建、共享与分配优化。Antonelli（2005）则认为，知识治理是通过制度、政策、公司战略、交易类型及其相互作用形式来构建知识生产和使用的组织形式。从以上学者给出的定义可以看出，知识治理是对知识在企业中的获得、交换、转移、共享、分配、流动、创新等形式进行优化，以达到知识利用和开发新知识目的的活动。以上定义都是从正式组织设计角度出发来定义知识治理。除了正式组织设计之外，心理的契约、信任机制、企业文化等也是知识治理的重要组成部分。综上所述，知识治理的定义可以归纳为组织通过正式或非正式方式与激励方式，以达到知识的获取、流动、共享、创新等知识管理目的的动态过程。

知识治理的研究内容是不同的组织结构、激励方式、契约方式等硬性因素以及心理契约、组织文化等对组织知识管理活动产生何种不同的影响。Foss 等（2003）指出，针对知识治理的研究主要可以从以下三方面开展：不同治理机制组合对组织内外部知识共享、整合、创造的影响；调度治理机制如何影响知识管理过程；识别知识管理过程中的特定风险，更进一步地，何种治理机制能够有效防范特定风险。当然，现有研究在内容上有所超越。

一是正式组织设计对知识活动的影响。随着知识逐渐成为经济最具活力和影响力的因素，组织中人力资源的重要性也在逐渐超越物资资源，随之而来的是组织设计的重点转变为激励机制设计和组织中权威配置方式的变革。有效的知识管理机制需要改变层级设计，发挥基层员工的积极性，注重水平沟通等。Vesa Peltokorpi 和 Emiko Tsuyuki（2006）认为，知识创造、知识保持和知识共享会受到组织结构、组织治理和协调机制的影响。尽管研究发现项目制式的组织结构能够有效推动知识产生，但知识共享仍会在缺乏有效治理机制的情况下受到一定阻碍。

二是非正式治理机制对组织知识活动的影响。在知识型产业或企业中，非正式机制，如信任机制、组织文化等对知识活动有非常重要的影响。

三是知识的自身特点对知识治理的影响。针对知识类型与知识治理的关系，Cristiano Antonelli（2006）认为技术知识包括公共物品知识、私人物品知识，以及集体的、复杂的知识。知识类型不同，所对应的治理方式也不尽相同。

四是知识管理风险及其避险机制。知识管理中的风险主要存在于组织间的知识流动过程中。组织间的知识分享固然会促进组织学习，组织在短期内获得新知识，但同时，组织间的知识合作可能会发生不可预见的知识转移，从而削弱组织的竞争优势。因此，组织在开展知识合作时，应当建立与参与学习目的和知识类型相适应的治理机制。知识治理理论分析框架如图 3-1 所示。

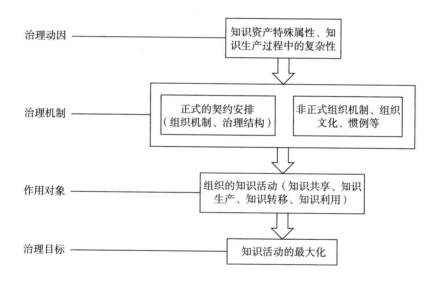

图 3-1　知识治理理论分析框架

3.1.2.2　与本研究的关系

电子竞技产业是知识经济的一种，也是一种全新的产业形态，具有良好的发展前景，同时也面临着诸多不确定性。电子竞技产业发展需要与之相适应的管理形式，电子竞技产业联盟是电子竞技企业常见的中间组织形式。电子竞技产业的上游是电子游戏的开发。近年来，电子游戏运用了很多最新的技术手段，游戏画质、规模有了很大进步。但除了移植、模仿和依赖 IP，电子游戏种类和内容并没有显著的创新，电子游戏的同质化现象较严重，很难找到划时代的新品类、新玩法或新题材。随着电子游戏产业的技术进步，电子游戏开发已经成为高投入、高风险的事情。多数游戏的区别仅在于画面，与游戏厂商创新精神背道而驰，由于太多产品缺乏创新，投入只在极少的品类之中，因此无法有效刺激需求，游戏产品失败的风险在累积堆高。游戏产品生命周期缩短，衰减速度加快，极端的甚至是"一波流"。

与电子竞技产业本身的创新乏善可陈相对应的是，电子竞技产业与其他产业的融合进入快速发展期。电子竞技产业本身就是一项综合性的产业，属于泛娱乐产业的范畴，与体育、文化、旅游等众多行业有着天然的联系。电子竞技产业与不同的产业融合，可以催生出不同的业态，实现产业之间的优势互补。电子竞技产业的核心是电子竞技赛事，利用赛事带来的关注度和流量，电子竞技产业可以与其他多种产业进行融合，不仅可以达到提升知名度和人气的效果，还可以拓宽变现渠道。

电子竞技属于"泛娱乐"领域，本身就是不同领域知识交流、融合的结果。知识共享对电子竞技产业、电子竞技产业知识联盟的发展具有重要意义。产业间的跨界融合是通过对现有产业要素资源进行相互渗透、融合或裂变，实现产业价值链的延伸或突破，这种融合必须要求由新需求驱动，以新科技和新平台为依托。在此过程中，成员间的知识共享发挥了至关重要的作用。

3.1.3　网络组织理论

3.1.3.1　基本内容

网络组织理论研究的是组织之间相互连接而形成的网络结构及其演进。威廉姆森用不确定性、交易频率和资产专用性等术语来解释经济的规制结构，并将其运用到组织间长期合作的分析，提出了中间组织的概念。在他看来，中间组织是处在市场和科层企业之间，同时又兼具两者属性的组织。企业网络是网络组织的一种，与交易成本理论不同的是，网络组织把竞争性资源的相互依赖而不是交易作为基本的分析单元。Larsson 建立了组织间协调、市场和等级三重因素框架取代制度—市场两极框架。此外，解释企业网络为什么会存在的理论还有：①互补理论。各种企业的生产经营活动各不相同，存在互补性，有协调的必要。②协作网络理论。取得更好的业绩是协作的原因。③"种群生态学"理论。竞争不仅存在于企业之间，还存在于企业群之间。

关于网络组织的定义也各不相同，综合来看，所谓网络组织，是两个及以上的组织建立在契约关系之上的、超越市场和企业的组织。网络组织注重要素协同、多赢和创新，获取和保持竞争优势是网络组织最重要的目的。网络组织具有以下特征：①虚拟性，网络组织成员在事实上并没有合并，其联系和合作方式是通过一系列的合作协议来明确彼此间的权利义务。网络组织成员之间的交易并不是市场交易，很多交易物在交易前并不存在，如项目、需求或者意向等。②多变性，网络组织本就是适应市场变化的产物，所以对市场有着灵活的适应能力，能够利用组织成员的资源、技术快速应对市场变化。③动态性，网络组织是典型的任务导向的组织，其组成方式处于不断地动态调整中。④成员自主性，网络组织由多个组织组成，各个组织之间是独立的，彼此没有从属关系，联系各个成员的仅仅是共同的目标和利益。⑤互补性，网络组织成员在能力上能够达到较好的搭配，互为补充。

联盟网络是一种重要的网络资源。学者们从经济绩效、创新绩效、竞争优势及成长绩效等不同的视角研究了其对企业绩效的影响。

关于联盟网络对经济绩效的影响，Baum 等（2000）实证研究了加拿大生物技术企业的联盟网络对创业企业绩效的影响，分析了新兴企业社会网络对企业早期业绩的影响。Goerzen 和 Beamish（2005）基于 580 个大型跨国公司研究了联盟网络多样性与跨国公司经济绩效之间的关系，发现具有少量联盟网络的跨国公司的绩效高于具有多种联盟网络的跨国公司的绩效。Anderson 等（2010）发现，联盟网络能够促进新创企业成长和绩效水平的提高。新创企业联盟网络之间关系的强度、中心性对企业长期绩效的作用为正向且效果显著（彭伟和符正平，2014）。李薇（2015）对在联盟网络中占据结构洞位置的上游强势供应商的产品市场进入决策机制进行了研究与探索，得出了三个主要结论：第一，在进入产品市场之前，存在基本准入条件，制约因素包括下游企业的知识壁垒、供应商生产的中间要素的成本在最终产品总成本中所占的比重，以及市场对产品的需求规模等；第二，在满足准入条件的情况下，供应商需进一步选择有效的市场进入策略，研究结果揭示了稳健型进入策略和冒险型进入策略两种基本策略；第三，成功进入产品市场后，供应商可以获得较之不进入时更优的绩效表现，包括利润的提升以及较大的市场份额，且消费者的福利也将得到改善。

关于联盟网络对创新绩效的影响，大部分学者研究得出联盟网络与创新绩效之间呈显著正向关系的结论。Fleming 和 Juda（2004）通过研究发现了联盟网络中关键节点的重要性，它能够将现有网络进一步聚集成更大的联盟网络，从而提升整个地区的创新能力。Schilling 和 Phelps（2007）采用案例研究方法，选取 11 个高新技术制造业联盟组织作为研究样本，发现联盟创新绩效的好坏取决于联盟聚类系数的高低。赵炎和王琦（2013）从联盟网络小世界性的角度出发，通过研究发现其显著正向影响创新绩效。吴绍棠和李燕萍（2014）研究发现，联盟网络的多元性对联盟创新的影响显著为负，并进一步发现联盟信任在两者之间起中介作用，以及合法性认知在联盟信任对联盟创新的影响中起调节作用。赵炎等（2016）认为，提升企业创新能力的有效途径可以是拉拢处于中介中心位置的公司，而非处于结构洞位置的公司。

综上所述，可以从多个方面研究联盟网络对企业绩效的影响，最终的影响效果也会不一样。

3.1.3.2 与本研究的关系

产业联盟是一种网络组织，是介于市场与企业的中间组织。电子竞技产业知识联盟的联系纽带是电子竞技产业知识创新。电子竞技产业知识联盟成员并不是松散的组合，而是通过频繁的互动连接在一起的整体。电子竞技产业知识联盟成员以电子竞技知识创新为目的，为了达到这样的目的，必须将彼此拥有的知识进行深入的分享、交流，并将成员的共有知识作为基础投入电子竞技知识创新之中。围绕着这一过程，电子竞技产业知识联盟成员必须进行频繁紧密的互动，基于知识合作形成各种关系类型。只有基于相互信任形成合作关系，电子竞技产业知识联盟的成员才有可能放下戒备，真正向联盟中的其他成员开放自己的知识。

在电子竞技产业知识联盟中，联盟成员关系对绩效的影响体现在以下四个方面：第一，联盟中的成员关系网络对各成员来说本身就是一种资源，成员间关系的紧密程度、覆盖范围会影响到成员获取知识的数量和深度。第二，电子竞技产业知识联盟成员间的关系并不是完全的合作关系，在某些时段、某些领域存在着竞争和不信任。所以，只有通过不断的互动才能建立信任，进而在某些领域进行合作，而只有长期稳定的有效合作才能有助于电子竞技产业知识联盟知识创新的持久深入开展。第三，电子竞技产业知识联盟成员合作关系最终可以通过组织文化体现出来，信任、团队精神等良性组织文化对组织绩效具有积极的影响。第四，从外部关系来看，利益相关者如政府、科研机构等决定了联盟的外部环境，对联盟绩效有影响。

电子竞技产业是一个高速发展的新兴产业，电子竞技知识创新成果不仅能应用于电子竞技行业本身，很多技术如 VR、动作捕捉等还有着广阔的应用前景。电子竞技游戏的很多内容，如故事情节、人物设定也有着巨大的 IP 价值，电子竞技衍生的旅游、会展、文创等经济形态也有着巨大的经济价值。因此，电子竞技产业知识联盟的建设和发展过程中也会频繁地与一些重要的外部主体如政府及其部门、科研机构、投资基金、赞助商等发生联系。这些主体可能并不是联盟成员，但他们对电子竞技产业知识联盟的发展有着非常重要的影响。高等院校、科研机构为电子竞技产业知识联盟提供知识支撑。电子竞技知识创新是技术密集型活动，离不开科学技术的支撑，所以，电子竞技产业知识联盟必然要与研究机构、高等院校发生联系。科研机构不仅为电子竞技知识创新提供了知识存量，成为电子竞技创新的源头，有时还直接参与电子竞技知识创新活动，解决知识创新中的关键技术问题。投资基金是电子竞技产业知识联盟重要的资金来源。电子竞技知识创新具有一定的风险性，其投资除了源于成员自有资金外，引入外部投资基金也是常见的做法。电子竞技知识创新投资属于风险投资的一种，吸引投资者的是电子竞技知识创新成果或愿景。网络服务商为电子竞技知识创新提供硬件支持。电子竞技需要更快的网络传输速度、更强的数据处理能力，对网络服务有很高的要求。电子竞技未来的知识创新是在5G 条件下进行的，要求网络服务商为电子竞技知识创新活动提供平台。同时，网络服务还要为电子竞技知识创新成员之间的知识交流、数据通信、知识共享活动提供网络平台，使得地理上分散的成员能够实现远距离沟通协作。

3.1.4 理论基础小结

综上所述，知识经济理论、知识治理理论以及网络组织理论均为电子竞技产业知识联盟的构建提供了理论基础。对于电子竞技产业知识联盟而言，选择合适的知识伙伴成为联盟成败的关键。合适的成员伙伴需要有知识技术创新能力、公平精神和足够高的信任水平。在此基础上，成员间的知识共享将是促进企业知识技术革新和综合实力提升的关键。此外，知识联盟所拥有的政府政策支持、所处的产学研合作环境、通信网络等基础服务设施对产业联盟创新也会有不同程度的影响。

3.2 概念模型的建立

借助前文文献综述及理论基础的分析，进一步明确电子竞技产业知识创新的影响因素，在此基础上设计电子竞技产业知识联盟绩效的影响因素及其作用机理的概念模型。

3.2.1 知识联盟绩效影响因素研究

通过前文文献综述及理论基础的研究，本书将电子竞技产业知识联盟绩效的影响因素归纳为成员能力、成员关系、成员知识共享以及政府支持和地区发展水平。

3.2.1.1 成员能力

成员能力对产业联盟成败的重要性已经为研究所证实。企业学习能力（Argote and Ingram，2000）、企业的联盟经验与能力（Cummings and Teng，2003）、企业的组织结构、伙伴选择、企业间的相似性（Makri and Lane，2010）等会影响联盟创新。叶林良等（2006）认为，在选择潜在合作伙伴时理应考虑创新能力、能否产生协同效应以及发展潜力三个条件。电子竞技产业知识创新活动需要投入大量的资源和时间，一旦联盟知识创新失败，对其成员的影响可能就是系统性的，除了会造成可见的损失，更重要的是由于电子竞技产业发展瞬息万变，电子竞技产业知识联盟的失败会导致其成员失去宝贵的发展机会。因此，电子竞技产业知识联盟必须谨慎选择成员，以尽可能地降低风险。过于孱弱的成员不利于开展电子竞技知识创新活动。

本书基于前人的研究，对成员能力从知识专有性和知识创新能力两方面进行评估。知识经济时代，知识尤其是占知识绝大部分的隐性知识是企业核心竞争力的关键所在，而企业间知识共享又是联盟高效运行的纽带和桥梁，是联盟各成员有效整合彼此互补的资源，快速应对市场、提高竞争优势的关键。

知识专有性是指组织拥有的标准和专利数量。电子竞技知识创新涵盖了诸多方面，但是从电子竞技企业发展和创新难度来看，真正最有价值的创新是电子竞技内容和技术的创新，最急需的是电子竞技产业标准的创新。就电子竞技产业的专利来看，目前电子竞技技术主要来自国外，电子竞技内容国内企业虽有所创新，但并未颠覆既有模式。产业标准创新或需要拥有强大的技术实力，或需有大量成员数量以便推广。在电子竞技产业知识联盟中，只有拥有联盟知识创新方向相关资源的成员才能进入、影响或主导知识创新过程。电子竞技产业知识联盟作为电子竞技知识产权集中的主体，是围绕着电子竞技知识产权的复杂的交易、合作体系。在电子竞技产业知识联盟中，相关知识产权可以分为核心和边缘两类。边缘知识产权是与联盟知识创新方向关系不大或非独占性的知识产权。核心知识产权是与联盟知识创新方向高度相关且为独占性的知识产权，它在联盟知识创新过程中起到非常重要的作用，如果核心知识产权缺乏，联盟知识创新将无法继续。拥有核心知识产权的成员在联盟中可以占据主导地位，对联盟的发展有重要影响。联盟知识创新的成功会进一步增强核心成员的竞争力。

成员的知识创新能力主要考察组织的知识存量，即企业是否进行过知识创新，知识创新的频率、数量和层次。在电子竞技产业知识联盟知识创新过程中，成员的学习能力也是至关重要的，在电子竞技这个高度技术化和快速发展的行业中，任何企业必须迅速适应形势发展、快速吸取和学习知识。

3.2.1.2 成员关系

成员关系也会对产业联盟绩效产生影响。按照电子竞技知识创新的特点，从联盟成员关系紧密度来看，电子竞技产业知识联盟的成员关系主要体现在信任水平和合作精神两个方面。

竞争与合作并存是产业联盟成员关系的基本特征，尽管建立产业联盟是为了促进知识共享，但产业联盟成员之间的关系不能仅仅看作为合作关系。Harrigan（1986）认为，产业联盟需要制定规则或签订契约来规范和约束成员行为。在处理知识联盟成员之间的关系时，联盟成员之间的信任极其重要。随后 Birnberg（1998）也得出相同的结论，他认为信任在某种程度上可以发挥出和控制相同的效果。他在进行联盟信任的分析时，提出分析结果源自两条假设：一是联盟成员均认为违约会让他们的损失更大；二是联盟成员都希望形成一套互惠标准。Delbufalo（2012）认为，信任对联盟成员间是否愿意知识共享是极其重要的。Ring 等（1994）认为，信任关系的建立是联盟是否成功的关键一环。Inkpen（1998）指出，产业联盟成员之间的关系复杂，出于核心知识被无偿获取的担心，成员对知识共享多采取谨慎态度，但是为了达到联盟目标，联盟成员间只能进行知识共享。成员信任有助于促进联盟整体的知识流转。他进而指出，联盟知识的可及性，具体包括联盟成员间的信任、知识的保护程度、知识的隐性化程度，以及联盟成员的过往发展历史等，这些都是影响联盟知识共享的主要因素。Spekman 等（1998）提出，可以分别从投入程度、回报、信任、不确定性等方面来描述联盟成员的相互关系情况。Adobor（2005）认为，联盟合作伙伴间建立充分的信任是合作成功的关键，并分析了合作情境中信任的产生机制。高群和郑家霖（2016）以 3D 打印技术产业为例，分析了产业联盟组织间学习行为的内在机制及其动态演化过程，立足盟员企业间信任关系与策略选择趋向的角度探讨产业联盟组织间学习机制演化路径，为盟员企业制定正确的组织间学习策略提供参考，同时有助于产业联盟组织间学习机制的建立。Robson 等（2006）提出，影响联盟绩效的企业组织行为因素可划分为资本关系要素和交流环境要素两类，如图 3-2 所示。

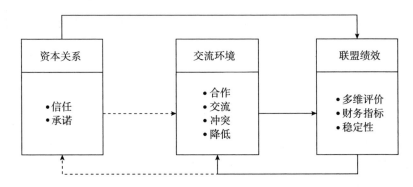

图 3-2　影响联盟绩效的组织行为因素

资料来源：Robson M J, Skarmeas D, Spyropoulou S. Behavioral attributes and performance in international strategic alliances [J]. International Marketing Review, 2006.

　　信任对知识联盟间知识共享的作用：一是信任可降低组织间由于知识共享所带来的交易费用；二是信任可降低组织间知识共享的投机行为。电子竞技产业知识联盟作为非正式组织，不可能按照单一组织那样建立上下级的权力关系。因此，有效协作对联盟更为重要。建立不同主体间相互信任、互相合作的协作关系，可以通过信息的交换更好地激发成员的创造性，从而发现创新的机会，获得创新的成果。实际上，电子竞技产业本身就是不同领域创新成果综合而成的结果，电子竞技知识来自不同的领域，电子竞技产业也在不断吸收其他领域的创新成果应用于电子竞技之中。如果能够在电子竞技产业知识联盟中形成良好的成员关系，就可以利用不同主体的知识成果，有效推进电子竞技知识创新活动。由于电子竞技产业知识创新的核心知识产权为多个成员所持有，而电子竞技知识创新过程又需要这些知识产权，所以，电子竞技产业知识联盟必须通过协议共享这些知识产权。通常的做法是采取交叉许可共享知识产权，并对对方利用产权进行知识创新以外的用途做出限制。这样既能保证联盟的需要，也能在知识创新成果推出前有效维护自身经济利益。例如，通过协作机制将联盟中最具有创新能力的电子竞技组织或企业集合起来进行联合攻关，在创新成果推出后，有效利用联盟庞大的成员网络迅速获得创新成果。此外，成员关系对电子竞技产业知识联盟绩效的影响更多地表现为过程影响，如果成员关系较差，电子竞技产业知识联盟的知识创新活动就无法运行，从而导致联盟的失败。如果联盟成员之间相互信任，成员之间富有合作精神，联盟间的知识创新过程就会比较顺畅。

3.2.1.3　成员知识共享

成员知识共享是电子竞技产业知识联盟知识创新的基础。联盟成员合作创新的主要目的和动机并非仅是创新项目的成功，更重要的是通过知识在联盟内部的扩散获取企业所需要的知识资源。关于联盟内部知识转移和知识共享的研究一直是热点。Teece（1986）提到，任何组织都难以获取到所有知识资源，所有的知识资源必定会分散在各个组织间，因此通过知识有限共享的方式获取到其他组织的知识已经成为企业的最优选择。Hamel（2005）研究发现，企业间建立联盟的主要目的和动机是想要通过相互学习的方式进行知识资源共享。不能将知识共享单纯地理解为知识从一个组织流转到另一个组织，而是要借助自己的吸收能力对新获取的知识进行消化吸收，进一步转化融入自己的知识体系中，从而演变成新的知识能力。大多数学者认为知识共享对创新绩效有正向影响。

王良等（2013）运用竞争理论研究了适用于中国现实情况的"竞争合作—创新绩效"关系模型，并引入知识共享为中介变量，研究结果表明，知识共享对创新绩效有正向影响。张敬文等（2015）研究发现，知识共享能够显著提升产业协同创新绩效。陈啸和张浩（2018）基于 SEM 模型从激励协同视角系统分析了中小银行战略联盟创新绩效的影响因素，结果发现，激励协同通过促进不同层次知识主体的知识转移和知识共享进而对战略联盟创新绩效产生间接的正向影响。马辉等（2018）针对建筑产业联盟进行了调查分析，并着眼于京津冀地区，探究建筑产业联盟中协同创新的关键影响因素，提出知识共享、知识转移是关键影响因素中的一部分。陈伟和潘成蓉（2015）将知识划分为显性知识和隐性知识，并探究了信任对它们的影响，研究得出，信任显著正向影响两种知识的共享。江俊桦等（2014）采用系统仿真的方法，从另一个角度验证了知识转移在联盟合作中起到的重要作用。张明（2015）站在开放式创新和知识共享的角度，论证了知识共享显著正向影响创新绩效。曹霞和宋琪（2016）的研究证明，知识共享对产学研知识主体间知识溢出具有多重中介效应。王继光等（2020）构建了关于伙伴关系、知识共享和创新绩效三者关系的结构模型

（图3-3），结果显示，良好的伙伴关系可以促进企业间知识共享和提升创新绩效，知识共享在伙伴关系和创新绩效之间起着显著的中介作用。

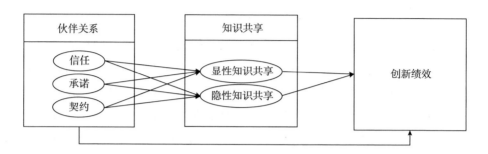

图3-3　伙伴关系、知识共享和创新绩效三者关系的结构模型

电子竞技产业是一个融合了多领域知识的产业形态，在技术上，电子竞技产业需要电子信息技术尤其是人机互动、AR、VR 以及 5G 技术的支撑；在故事情节上，电子竞技产业需要一定的剧本编写、人物设计知识。如何做到技术与创意的结合，是电子竞技产业成功的关键。此外，电子竞技产业亟须解决如何拓展发展空间、促进电子竞技与其他产业互动的重要问题。因此，电子竞技产业知识联盟的知识共享是电子竞技产业顺利发展的关键。

3.2.1.4　政府支持

政府是电子竞技产业知识联盟的隐形参与者。电子竞技产业是一个具有高系统性、高技术集成性、高关联性的产业，其发展不能仅依靠企业力量，还需要政府的强力支持。政府在知识联盟中的作用不容忽视，政府首先是电子竞技产业知识联盟的外部主体，其作用也以外部影响因素体现出来，但是不同于经济环境这样的完全外部因素。政府可以成为电子竞技产业知识联盟的成员之一，将其作用内化到电子竞技产业知识联盟内部。具体而言，政府对电子竞技产业知识联盟绩效的影响可以从以下几个方面体现出来：

第一，政府是电子竞技产业知识联盟最重要的外部利益相关者，政府与电子竞技产业知识联盟保持着密切的合作与互动，所以政府能力会对电子竞技产业知识联盟绩效构成影响（李晓钟和徐怡，2019）。

第二，作为产业联盟的外部参与者，政府并不会直接干预联盟的运作，也不主张联盟的知识创新成果的所有权。电子竞技产业知识联盟的存在可以极大地促进电子竞技产业的发展，电子竞技产业的发展为政府带来税收、就业等方面的收益，所以政府通常会制定扶持电子竞技产业知识联盟的公共政策，为电子竞技产业发展提供一系列的优惠条件，如提供电子竞技知识创新的经费补贴、政策优惠，为联盟知识创新活动提供立项支持（熊莉等，2019）。典型的如韩国，在1998年经济危机后，韩国政府为了尽早摆脱经济危机的影响，将电子竞技产业列为国家资助企业重点发展，奠定了韩国游戏产业的基础。这些政策都会转换成为电子竞技产业知识联盟的绩效收益。

第三，政府的支持是知识创新联盟信用的"隐形保障"，吸引高能力者加入联盟。根据所掌握的大量而广泛的信息资源，政府还可以为电子竞技产业知识联盟提供最佳的能力匹配者，从而避免或降低"逆向选择"的风险。

第四，在电子竞技知识创新的知识扩散阶段，政府的帮助和支持显得更为重要，政府可以帮助联盟在当地推广电子竞技知识创新成果，具体包括帮助企业申请知识安全的专利，通过政府采购购买创新成果帮助联盟收回创新成本，或通过促进上下游企业的集聚来推动技术扩散。

政府不仅可以制定政策支持电子竞技产业创新发展，还可以直接进行资源投入。例如，政府可以为电子竞技产业知识联盟提供公共基础设施、资源，向电子竞技产业联盟提供创新补助、科技基金等支持电子竞技产业的创新活动，以提升电子竞技产业知识联盟的竞争能力和竞争水平，代表本地电子竞技行业参与国内国际竞争（郑春美和李佩，2015）。同时，政府还是知识产权的保护者。政府在联盟组织知识创新中的作用如图3-4所示。实际上，在我国目前的电子竞技产业联盟中，或多或少都有政府的身影。出于发展地方经济的考虑，很多地方政府对电子竞技产业和电子竞技产业知识联盟都有很大的热情。国家级电竞赛事体系和国家级电竞媒体（CGA）中虽然没有政府成员，但其组建发展受到了四川省体育局、成都市政府及成都市武侯区政府的支持。全国移动电竞超级联赛（CMEL）更是将国家体育总局信息中心作为核心成员之一，其发展过程中不断与贵阳、重庆、青岛、海南陵水、厦门等地方政府广泛合作，这些地方政府虽然没有成为 CMEL 的正式成员，但实际上深度参与了 CMEL，已经成为 CMEL 合作网络中的一个重要节点。

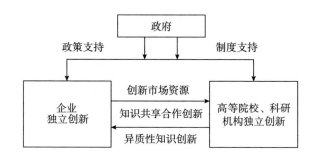

图3-4 政府在产业联盟知识创新中的作用

对电子竞技产业知识联盟而言，政府不仅通过制定政策影响电子竞技产业发展方向，很多地方政府更是将电子竞技产业作为重点支柱产业予以扶持。政府支持电子竞技产业的方式主要有法律政策支持、要素供给支持、专项计划支持等。政府支持对电子竞技产业知识联盟的影响非常大，目前中国电子竞技产业联盟多数是围绕着比赛而组建的，综合各个联盟的情况来看，以各类比赛为核心的电子竞技产业联盟发展状况更好，而电子竞技赛事的落地离不开地方政府的支持。联盟成员特征，尤其是核心成员特征和联盟创新类别对联盟与政府合作关系的建立有很大影响，并最终影响联盟绩效水平。国资背景的核心成员、以电子竞技业态创新为主的创新方向更有利于达成政府与电子竞技产业联盟的有效合作，从而最终促进联盟治理水平和绩效提升。

3.2.1.5 地区发展水平

良好的外部环境可以为知识联盟成员间知识共享起到强有力的支撑作用。组织经济环境是制约组织发展的关键因素，其定义是指组织面临的社会经济条件及其运行状况、发展趋势、产业结构、交通运输、资源等情况。一般情况下若联盟组织所处地区经济发展水平较高，则当地相关配套的基础设施建设会较为完善，可以在一定程度上帮助组织进行知识共享。

此外，经济发达地区通常是高等院校、科研院所等组织积聚的区域，良好的外部经济环境能够帮助本地形成很好的财富积聚效应。一方面，通过地理位置聚集起来的产学研组织可以使联盟关系变得更为稳定；另一方面，空间聚集的产学研组织在联盟时会使自己的行为更加规范，因为投机行为会直接缩减对方的生存空间。从监管的角度来看，这种区域性产业联盟的聚集更容易形成规范有效的管理模式（张国峰，2012）。

电子竞技产业知识联盟是市场行为，是电子竞技相关企业为了加快电子竞技知识创新速度、降低电子竞技知识创新风险而创建的合作组织，合理配置创新资源是电子竞技产业知识联盟的重要工作，是决定电子竞技产业知识联盟绩效的重要内容之一。任何市场都受区域发展水平的影响，其是市场最重要的外部环境。对于电子竞技产业知识联盟来说，其配置创新资源的行为受到区域发展水平的极大影响。此外，电子竞技市场容量也与当地受众密切相关，电子竞技产业自身发展状况也证实了这一点。目前，电子竞技产业发展水平较高的都是国内经济社会发展比较好的地区，如北京、上海、广东、重庆、成都等地。

电子竞技产业知识联盟绩效与地区发展水平呈现两个极端。一方面，电子竞技产业总是聚集在比较发达的城市，只有这些地区才有支持电子竞技产业发展的足够大的市场，也能够提供电子竞技产业发展所必需的各类资源。另一方面，从国内电子竞技产业发展来看，有些经济落后的地区希望以电子竞技产业为突破口带动经济跨越式发展，尤其是希望电子竞技产业与当地产业、文化结合，创新业态带动发展，这些地区也在积极引进电子竞技及其相关产业。国家级电竞赛事体系和国家级电竞媒体主要依托于成都发展，成都具备电子竞技产业发展的产业基础，电子竞技游戏产业比较发达，也有相应的电子竞技场馆，作为一个强二线城市，成都也有足够多的电子竞技受众群体。全国移动电竞超级联赛合作的城市较多，有比较发达的厦门、青岛，也有重庆忠县等欠发达地区，但其总部位于北京，其核心成员也都在北京、上海等地。

3.2.2 电子竞技产业知识联盟绩效评价

电子竞技产业知识联盟的绩效评价需要遵循以下原则：一是建立反映

知识创新联盟一般规律的指标，二是建立反映电子竞技知识创新联盟特点的特殊指标，三是要考虑指标信息获取的难度和真实性（Richard et al.，2009）。王雪原（2009）认为，产业联盟绩效评价应该注重以下几个原则：一是注重将事前、事中与事后评价相结合，而不是只注重最终结果。根据联盟的建设、成长和成熟各个阶段进行评测，以便于在产业联盟运行过程中随时进行控制和纠偏。二是确定评价的重点和方式。产业联盟与单个的企业组织不同，联盟的绩效评价涉及非常多的主体间的合作，资料收集的难度比较大。此外，有些敏感信息联盟成员并不愿意公布，所以，产业联盟绩效评价中的主观评价要更多一些。宋东林和孙继跃（2012）构建了由成果水平、经济效益、社会效益、产业竞争力、集成效应、协作水平6个一级指标组成的产业技术创新战略联盟运行绩效的评价指标体系，主要从联盟运行过程和结果两个方面考察联盟的绩效水平。在评价主体方面，随着政府越来越多地参与到产业联盟之中，其在引导产业联盟快速健康发展、制定产业联盟发展所需要的支持政策等方面发挥着不可替代的作用。有越来越多的学者注重研究政府在联盟中的作用，并将联盟的社会效益纳入联盟绩效评估框架（戴彬和舒畅，2014）。

与一般组织不同，电子竞技产业知识联盟是企业中间组织，因此并不适合用企业绩效的标准进行衡量。组织绩效的前提是组织目标的设定，组织绩效是对组织目标实现程度的评估，如果没有组织目标就没有组织绩效。对电子竞技产业知识联盟来说，推进电子竞技知识创新是首要任务，所以电子竞技产业知识联盟绩效的重要内容是考察其推动创新、产生创新成果的情况。对于中间组织来说，组织自身的绩效情况是要通过其成员目标的实现程度来体现的。电子竞技产业知识联盟本身并不能直接从事电子竞技知识创新，而是通过整合资源、协调成员进行知识创新活动，知识创新的成果也直接归属于成员所有而非联盟所有。在主体上，电子竞技产业知识联盟绩效要通过其成员，尤其是主要成员的绩效情况进行考察。在内容上，电子竞技产业知识联盟绩效则主要通过成员的知识创新成果进行考察。所以，电子竞技产业知识联盟绩效是指电子竞技产业知识联盟推动成员进行知识创新活动，进而促进联盟成员市场表现和收入提升的目标实现程度。

参考产业联盟和知识联盟的绩效评价，本书提出电子竞技产业知识联盟绩效评价的维度和题项。对于知识联盟来说，首要是提升知识创新的能力，这也是成员加入知识联盟的主要动因，因而其可以作为电子竞技产业知识联盟绩效评价的一个标准。知识创新能力的提升和创新绩效的改善必然带来成员的综合实力提升。所以，本书将从知识技术革新和综合能力提升两个维度考察电子竞技产业知识联盟绩效。

3.2.3 概念模型设计

基于以上理论基础及变量分析，知识联盟知识创新在实践中已被证明是一种有效的创新战略。在知识创新过程中，联盟成员需要与不同类型的主体进行合作，从而结合不同种类的创新资源（Steensma and Corley，2000）。对于电子竞技产业知识联盟成员来说，必须通过知识共享共同投入电子竞技知识创新过程中。同时，电子竞技产业知识联盟知识创新活动也不可避免地受到外部因素的影响。已有研究为理解知识联盟成员知识共享、成员能力、成员关系以及联盟绩效提供了理论支撑。本书基于电子竞技产业知识联盟成员能力、成员关系、成员知识共享以及地区发展水平和政府支持等构建电子竞技产业知识联盟绩效的影响因素及其作用机理概念模型，如图 3-5 所示。

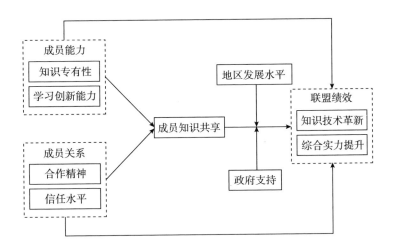

图 3-5 电子竞技产业知识联盟绩效的影响因素及其作用机理概念模型

3.3 研究假设

基于以上分析，本研究各维度之间的关系假设如下。

3.3.1 主效应变量模型与研究假设

根据本章将要检验的理论假设，构建联盟绩效前因影响的理论模型，如图3-6所示。

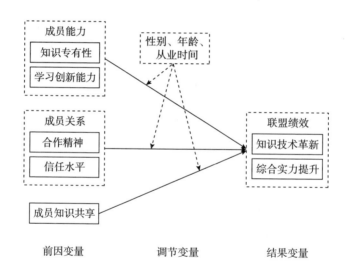

图 3-6 主效应理论模型

现有研究关于电子竞技产业知识联盟知识特征的考察，一般是集中在个体层面。如果从整体来看，当所有成员的知识汇集到一起，就会形成一个新的知识体系，需要考虑不同知识的搭配关系即不同的知识结构对联盟绩效的影响。实质上，在联盟形成过程中，成员首要的考虑就是联盟间资源的互补性，首选拥有自己所需要资源的对象作为自己的合作伙伴。那些拥有其他成员所不具备的关键资源的企业对其他成员的吸引力更大，这种关键资源既可以是某种技术，也可以是成功的管理经验。Hitt 等（2001）指出，成员的资源过于相近或相似的联盟的绩效远不如成员的资源各不相同又能相互补充的联盟的绩效。联盟成员的资源相似虽然可以帮助联盟扩大规模，扩张现有优势，但是对联盟的知识创新尤为不利，而成员的资源互补则有利于联盟的知识创造和创新。这也就可以解释，为什么在新兴的市场或产业中那些拥有技术能力的成员更容易受到青睐。同时，当企业处于高度不确定的环境中时，更需要寻找资源互补的企业建立伙伴关系，以减少环境的变化对企业造成的冲击。在实证研究方面，杜欣等（2012）认为，知识联盟成员的知识互补是成员间结成联盟的重要促进因素，也对联盟绩效有正面影响。徐二明和徐凯（2012）对中国重点城市的 270 余家企业进行了调研，其分析结果表明：产业联盟中的资源互补能够正向影响联盟的财务绩效和创新能力，而机会主义则会负向影响财务绩效和创新能力；同时，适度的资源互补是有效遏制机会主义的手段。

联盟合作伙伴的选择一直是产业联盟研究的热点之一，选择什么样的成员进行合作，对产业联盟有着巨大影响。杨东奇等（2012）的研究表明，产业联盟的绩效受到联盟成员个体的自身因素的影响，联盟成员特征与联盟绩效之间存在着正相关关系。阳银娟（2015）将产业联盟合作伙伴划分为产业伙伴和知识伙伴，并认为知识伙伴对产业联盟绩效有更大的影响，知识伙伴的知识资源越多，越能促进企业绩效的提升，而这种提升的过程是通过组织学习实现的。

从以上分析可以看出，产业联盟的伙伴选择是影响电子竞技产业知识联盟绩效的重要维度之一，伙伴选择所考虑的主要是成员的特征，包括发展战略、成员的能力和成员拥有的资源情况。基于此，结合电子竞技产业的知识创新特点，本书提出如下假设：

H1a　知识专有性对知识技术革新有显著的正向影响

H1b　知识专有性对综合实力提升有显著的正向影响

邓修权和彭金梅（2007）将企业能力划分为一般企业能力和特殊企业能力。在企业能力范畴中，企业的学习能力、创新能力对知识联盟绩效影响最大。Verona 的研究证实，成员的创新能力对联盟整体的创新能力有促进作用（Gianmario and Pavide，2003）。Jin 和 Yun（2013）研究了企业管理创新对技术创新的作用机理，认为管理创新是技术创新的保障和前提。如果联盟中某个企业创新水平高，不仅会影响自身创新，也会给其他成员带来有利影响，从而提高整体的创新绩效。据此，本书提出如下假设：

H2a　学习创新能力对知识技术革新有显著的正向影响

H2b　学习创新能力对综合实力提升有显著的正向影响

成员之间的关系如何影响产业联盟绩效也是研究者关注的重点领域之一，知识联盟成员的关系被区分成多个层面，不同研究者从不同的角度进行了研究。许强和应翔君（2012）指出，知识联盟的创新活动在很大程度上依赖联盟内部主体的参与，这就需要强调成员协作意愿和合作精神。据此，本书提出如下假设：

H3a　合作精神对知识技术革新有显著的正向影响

H3b　合作精神对综合实力提升有显著的正向影响

机会主义是产业联盟组建和治理的一个重要障碍，产业联盟治理的一个重要任务就是要抑制联盟内的机会主义。研究证实，信任水平与机会主义存在着负相关关系，即联盟成员信任水平高就能够降低联盟中的机会主义行为，如果联盟成员信任水平比较低，联盟的机会主义行为就会增加（Reuer and Arino，2007）。另外，信任还能够改善联盟成员的合作，如果信任缺失，成员之间不可能开展有效的合作。信任不仅是展开合作的基础和前提，而且能够提高成员间交流合作的效率，减少对正式规章制度的依赖（Poppo and Zenger，2002）。因此，如果联盟的信任水平较高，就可以降低联盟内沟通协调的成本，促进联盟绩效水平的提升。据此，本书提出如下假设：

H4a　信任水平对知识技术革新有显著的正向影响

H4b　信任水平对综合实力提升有显著的正向影响

知识理论认为，知识是维持市场主体竞争优势的重要资源（Grant and Baden Fuller，1995）。企业为了发展，必须有效获取知识、发展知识。除了整合自己的内部知识以外，获取外部知识也是企业的重要任务之一。组织学习理论认为，向其他组织学习，是企业获取知识的重要方式，通过有效的学习，企业可以获取新的知识，拓展知识的深度与广度（Lane et al.，

2001）。成员加入知识联盟的一个重要考量就是与合作伙伴共享和交换知识，并将共享到的知识运用于自身发展过程中，以比较小的代价弥补自身的知识欠缺。联盟成员知识共享，可以丰富成员的知识储备，有利于成员进行知识创新，从而把握新的市场机会（Kim et al.，2011）。舒成利等（2015）对 200 多家联盟企业的研究表明，知识联盟企业单独及同时开展探索性学习和应用性学习均会促进其从合作伙伴处获取知识，而知识获取能够帮助企业提升创新绩效。

对于电子竞技产业知识联盟来说，由于新兴产业的知识稀缺性，成员加入电子竞技产业知识联盟的一个重要目的就是要获取电子竞技知识，而又由于电子竞技产业的高变动性，电子竞技知识更新的速度要远远高于其他产业，即使联盟成员能够获得其他成员分享的知识，也很难保证企业在瞬息万变的市场中占据领先地位。基于以上分析，本书提出如下假设：

H5a　成员知识共享对知识技术革新有显著的正向影响

H5b　成员知识共享对综合实力提升有显著的正向影响

成员能力、成员关系及成员知识共享对联盟绩效影响的研究假设如图3-7 所示。

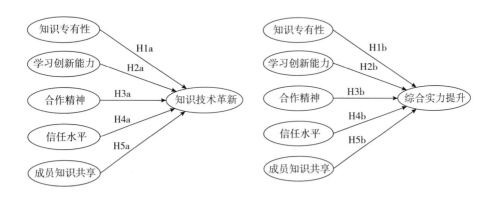

图 3-7　成员能力、成员关系及成员知识共享对联盟绩效影响的研究假设

为便于展开后续实证分析，将主效应的研究假设进行了汇总，如表 3-1 所示。

表 3-1　主效应的研究假设汇总

研究假设	假设的内容
H1a	知识专有性对知识技术革新有显著的正向影响
H1b	知识专有性对综合实力提升有显著的正向影响
H2a	学习创新能力对知识技术革新有显著的正向影响
H2b	学习创新能力对综合实力提升有显著的正向影响
H3a	合作精神对知识技术革新有显著的正向影响
H3b	合作精神对综合实力提升有显著的正向影响
H4a	信任水平对知识技术革新有显著的正向影响
H4b	信任水平对综合实力提升有显著的正向影响
H5a	成员知识共享对知识技术革新有显著的正向影响
H5b	成员知识共享对综合实力提升有显著的正向影响

3.3.2　中介效应变量模型与研究假设

根据本章将要检验的理论假设，构建联盟成员知识共享中介效应的理论模型，具体如图 3-8 所示。

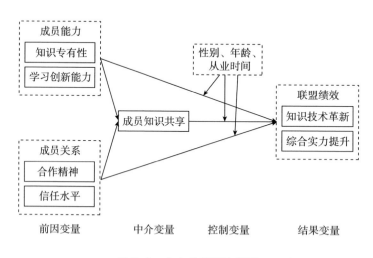

图 3-8　中介效应理论模型

知识共享可以理解为知识在个人或组织之间进行传播的过程，个人或组织进一步将其吸收内化为自己的知识，并在此基础上进行进一步的创新，以实现价值创造。知识管理理论表明，唯有通过更大范围内的相互交流、学习、共享，知识的利用和增值效果才越好，才能使知识拥有者收益最大化。任志安（2005）通过研究认为，知识共享除了带来规模经济和范围经济优势以外，还可以带来联结经济优势。曹霞和宋琪（2016）研究证明，知识共享对产学研知识主体间知识溢出具有多重中介效应。

谢永平等（2011）研究了知识共享作为中介变量，在知识存量对创新绩效的影响中产生的作用。康鑫和刘娣（2018）以农业企业为例，通过实证研究表明：知识扩散路径对知识进化有显著的正向影响；知识共享在知识扩散路径与知识进化之间发挥着中介作用；知识基在知识扩散路径与知识进化之间发挥着调节作用，即强知识基农业企业较弱知识基农业企业更容易进行知识共享，最终推动知识进化的进程。据此，本书提出如下假设：

H6a 成员知识共享在知识专有性对知识技术革新的影响中起中介作用

H6b 成员知识共享在知识专有性对综合实力提升的影响中起中介作用

Lee（2001）认为，企业之间和企业内不同层次的知识交流与共享对创新绩效有不同的作用效果，知识共享通过企业能力这一调节变量影响知识的获取能力，之后再进一步对企业的外包绩效产生影响。艾时钟等（2016）对上海浦东软件园、北京中关村软件园以及西安软件园内20多家服务外包企业437名员工的调查数据的分析结果表明：提高服务外包企业的组织学习能力、知识共享水平和吸收能力可以促进企业创新能力的提升，其中吸收能力和知识共享在组织学习与创新能力之间起中介作用。张鹏（2018）认为，在大数据时代，企业项目团队应努力实现潜在吸收能力和现实吸收能力的互补，尤其是要加强对外部信息的获取与学习。只有这样，才可能将企业潜在吸收能力转化为企业的创新成果。据此，本书提出如下假设：

H7a 成员知识共享在学习创新能力对知识技术革新的影响中起中介作用

H7b　成员知识共享在学习创新能力对综合实力提升的影响中起中介作用

良好的伙伴关系可以促进企业间知识共享，知识共享和创新绩效也存在正相关关系；知识共享在伙伴关系和创新绩效之间起着显著的部分中介作用（韩莹和陈国宏，2016）。张涵等（2017）的研究证实，知识共享在关系强度与联盟绩效间发挥中介作用，随着成员能力的提升，关系强度通过知识共享影响联盟绩效的中介效应逐渐增强。据此，本书提出如下假设：

H8a　成员知识共享在合作精神对知识技术革新的影响中起中介作用

H8b　成员知识共享在合作精神对综合实力提升的影响中起中介作用

谢永平等（2011）基于国内外相关研究，分析了组织间信任、组织结构和知识存量通过知识共享对网络创新绩效产生的影响，并以西安高新技术产业区的124家企业为对象进行了实证研究，研究结果表明，组织间信任、网络结构和知识存量会通过知识共享来影响创新绩效。喻登科和周子新（2020）研究发现，组织信任作用于知识共享宽度，并对开放式创新绩效产生显著的正向影响，知识共享宽度的中介效应显著。据此，本书提出如下假设：

H9a　成员知识共享在信任水平对知识技术革新的影响中起中介作用

H9b　成员知识共享在信任水平对综合实力提升的影响中起中介作用

基于以上分析，本书提出的成员知识共享的中介作用研究假设如图3-9和图3-10所示。

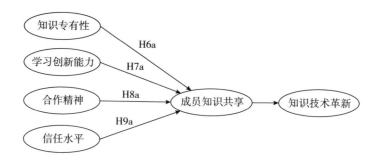

图3-9　成员知识共享在成员能力与成员关系对知识技术革新中的中介作用研究假设

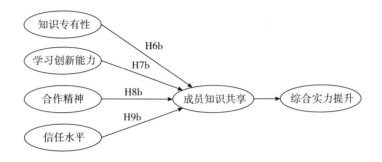

图 3-10 成员知识共享在成员能力与成员关系对综合实力提升中的中介作用研究假设

为便于展开后续实证分析，将成员知识共享在成员能力（知识专有性和学习创新能力）和成员关系（合作精神和信任水平）对联盟绩效的影响中的中介效应的研究假设进行了汇总，如表 3-2 所示。

表 3-2 中介效应的研究假设汇总

研究假设	假设的内容
H6a	成员知识共享在知识专有性对知识技术革新的影响中起中介作用
H6b	成员知识共享在知识专有性对综合实力提升的影响中起中介作用
H7a	成员知识共享在学习创新能力对知识技术革新的影响中起中介作用
H7b	成员知识共享在学习创新能力对综合实力提升的影响中起中介作用
H8a	成员知识共享在合作精神对知识技术革新的影响中起中介作用
H8b	成员知识共享在合作精神对综合实力提升的影响中起中介作用
H9a	成员知识共享在信任水平对知识技术革新的影响中起中介作用
H9b	成员知识共享在信任水平对综合实力提升的影响中起中介作用

3.3.3 调节效应变量模型与研究假设

根据本章将要检验的理论假设，构建地区发展水平和政府支持在成员知识共享对联盟绩效两个维度（知识技术革新和综合实力提升）的影响中的调节效应的理论模型，具体如图 3-11 所示。

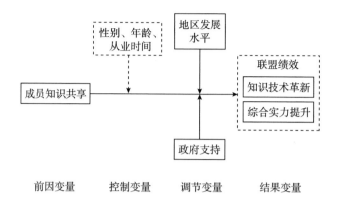

图 3-11 调节效应理论模型

电子竞技产业是一个知识密集型产业，对电子竞技从业人员有比较高的要求，这也是电子竞技产业集中于欧洲、美国等发达国家的原因，从国内来看，电子竞技产业集中在北京、上海、广东、重庆、成都等经济发展水平高、科技人才集中的地区。牛冲槐等（2014）认为，人才聚集效应有利于促进区域创新主体在相互作用中实现资源互补、知识共享、技术合作，从而推动区域创新网络发展，人才聚集对网络规模、网络开放度、网络链接存在不同程度的促进作用，人才聚集是带动网络主体协调发展和提升创新网络发展水平的关键因素。孔伟等（2020）构建了中国区域高等教育与科技创新协调发展评价指标体系，运用耦合协调度评估并解读两者之间复杂的耦合关系，结果表明，区域高等教育与科技创新耦合作用强。肖利平（2016）指出，在经济转型期，产学合作联盟的知识创新和整体绩效确实会受到政府的重大影响。但是，在政府具体行为方面，他反对过多动用公共资源对产学联盟进行支持，认为从长远来看，这会损害区域创新资源整体利用效率，他主张应当更多地通过市场手段配置创新资源，政府对联盟知识创新的支持应当更多地转向人力资源方面。

基于此，本书提出地区发展水平在成员知识共享对联盟绩效的影响中起调节作用的研究假设，如图 3-12 所示。

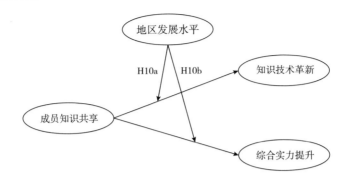

图 3-12 地区发展水平在成员知识共享对联盟绩效的影响中起调节作用的研究假设

H10a 地区发展水平在成员知识共享对知识技术革新的影响中起调节作用

H10b 地区发展水平在成员知识共享对综合实力提升的影响中起调节作用

企业除了嵌入在企业集群之中，更存在于广泛的社会环境之中，作为社会治理的承担者，政府能够给企业间的合作关系提供保障。陈战光等（2018）指出，知识溢出方需要政府构建完善的知识产权保护制度维护其合理的垄断地位，保障知识所有者的正当权益，发挥出知识产权的激励作用。雷鹏等（2015）指出，对于知识接收方而言，知识溢出仅仅提供了知识，知识转化为成果以促进产业集群升级需要更多的资源，政府可以缓解企业融资约束，为企业提供人才引进、财政补贴、税收优惠等方面的支持，从而减轻资源不足对企业转型升级带来的不利影响。吴松强和蔡文洁（2019）认为，知识溢出显著促进了产业集群升级，对企业合作亦有积极作用；企业合作在知识溢出对产业集群升级的影响机制中发挥中介作用；政府支持在知识溢出对产业集群升级的影响机制中发挥正向调节作用。据此，本书提出如下假设（见图 3-13）：

H11a 政府支持在成员知识共享对知识技术革新的影响中起调节作用

H11b 政府支持在成员知识共享对综合实力提升的影响中起调节作用

为便于展开后续实证分析，将地区发展水平和政府支持在成员知识共享对联盟绩效两个维度（知识技术革新和综合实力提升）的影响中起调节效应的研究假设进行了汇总（见表3-3）。

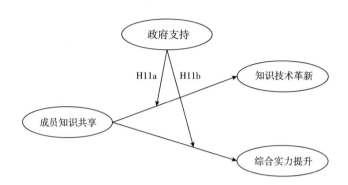

图3-13 政府支持在成员知识共享对联盟绩效的影响中起调节作用的研究假设

表3-3 调节效应的研究假设汇总

研究假设	假设的内容
H10a	地区发展水平在成员知识共享对知识技术革新的影响中起调节作用
H10b	地区发展水平在成员知识共享对综合实力提升的影响中起调节作用
H11a	政府支持在成员知识共享对知识技术革新的影响中起调节作用
H11b	政府支持在成员知识共享对综合实力提升的影响中起调节作用

3.4 变量测量

按照罗胜强和姜嬿（2014）对量表编制与开发的观点，在有理论支持的基础上，并且对概念的内涵和结构有清楚认识，则研究者可以采用演绎法开发测量量表。本书的研究采用演绎法进行服务化测量量表的开发。

Churchill（1979）指出，测量量表的开发包含以下步骤：概念定义的具体化、确定原始题目、初次回收数据及提纯、二次回收数据及信度评估、维度调整与生成、有效性评估。本书按照该步骤完成了概念的具体分析，以及量表原始题目的确定，为了验证测量项目是否能够反映电子竞技产业知识联盟绩效的事实，研究根据开发的原始量表形成了测量问卷，并在此基础上进行了问卷收集工作，通过探索性、验证性因子分析，对问卷进行信度和效度分析，以检验量表的可用性。

本书参考已有相关文献，设计各变量的测量题项，并根据对电子竞技产业知识联盟中的企业和行业协会的管理人员，以及相关研究领域的专家学者等开展的访谈情况进行量表题项修正。为方便数据填写和收集，问卷中所有的变量采用李克特（Likert）5 级量表进行打分，"完全不同意、部分不同意、不确定、部分同意、完全同意"分别对应 1~5 的数值。

调查问卷分为两个部分，第一部分是调查对象的基本信息，包括性别、年龄、电子竞技行业从业时间、所在电子竞技组织的类型（如电子竞技赛事承办方、电子竞技内容生产商、电子竞技运营商、电子竞技媒体、电子竞技设备开发和制造商、电子竞技参赛方、电子竞技管理部门等）。第二部分是本研究涉及的各个主要变量的测量题项，即成员能力、成员关系、成员知识共享、地区发展水平、政府支持、联盟绩效，共计 6 个变量和 32 个题项。

3.4.1 成员能力测量

邓修权和彭金梅（2007）将企业能力划分为一般企业能力和特殊企业能力。在企业能力范畴中，企业的学习能力、创新能力对知识联盟绩效影响最大。本书中联盟成员能力涉及两个维度：知识专有性和学习创新能力。根据 Hitt 等（2012）、徐凯和高山行（2008）的研究，本书对知识专有性的测量设置了 4 个题项，分别是"联盟成员之间的知识各有优势""联盟成员具有很多专有技术""联盟成员的技术知识应用需要特定条件""理解和接受联盟成员的知识需要一定的相关知识的储备"；对学习创新能力的测量设置了 4 个题项，分别是"联盟成员技术更新越来越快""联盟成员渴望技术进步""联盟成员接受外来新知识的能力很强""联盟成员能够知道自己缺乏什么知识以及从哪里获得知识"。

3.4.2 成员关系测量

本书中成员关系涉及两个维度：合作精神和信任水平。根据舒成利和高山行（2014）、阳银娟（2015）的研究，本书对合作精神的测量设置了4个题项，分别是"联盟成员倡导合作与交流的文化""联盟成员强调团队合作精神""联盟成员认为合作伙伴间合作比竞争重要""联盟成员具有从合作中获得新技术并解决运营问题的能力"；对信任水平的测量也设置了4个题项，分别是"联盟成员间人员互访频率比较高""联盟成员彼此都能互相关怀、坦诚沟通""联盟成员在共同研发或学习过程中敢于投入较高费用""联盟成员会共同面对突发的危机"。

3.4.3　成员知识共享测量

成员知识共享是指组织成员通过互相沟通和交流，使个体知识成为组织知识（闫芬和陈国权，2002）。本书参考已有相关文献（冯长利等，2011），共选取3个题项对联盟成员的知识共享行为进行测量。这3个题项分别为"联盟成员组成跨组织学习团队，定期举行主题讨论，分享彼此所学到的新知识、新技术""联盟成员能通过知识联盟及时将技术知识分享给知识联盟合作伙伴""联盟成员积极争取参与知识联盟提供的培训"。

3.4.4　地区发展水平测量

联盟组织所面临的社会经济条件及其发展趋势、产业结构、交通运输、资源等情况是制约组织生存和发展的重要因素。本书参考已有相关文献（任慧，2011），共选取3个题项对联盟所在地区发展水平进行测量。这3个题项分别为"您所处的地区人们的受教育水平很高""您所处的地区有着众多的高水平的企业、科研院所和高等院校""您所处的地区公共基础设施完备"。

3.4.5　政府支持测量

政府不仅可以制定政策支持电子竞技产业创新发展，也可以直接进行资源投入。例如，政府可以为电子竞技产业联盟提供公共基础设施、资源以及创新补助、科技基金等支持电子竞技产业知识联盟举办知识创新活动，提升电子竞技产业知识联盟的竞争能力和水平。本书参考已有相关文献（熊莉等，2019；郑春美和李佩，2015），共选取3个题项对联盟所在地区的政府支持进行测量。这 3 个题项分别为"当地政府制定了支持知识型企业和组织发展的法律和法规""政府会帮助联系知识合作伙伴""政府会出资组织企业、科研院所和高等院校合作进行基础研究"。

3.4.6　联盟绩效测量

参考产业联盟和知识联盟的绩效评价，本书提出电子竞技产业知识联盟绩效评价的维度和题项。本书决定采用主观评价和过程评价相结合的方法对电子竞技产业知识联盟绩效水平进行评测。由于电子竞技产业知识联盟成员众多，获取全部成员的财务指标比较困难，所以本书主要采用主观评价法。本书中从两个维度考察联盟绩效：知识技术革新和综合实力提升。

根据已有研究成果（李海燕等，2012），本书对知识技术革新的测量设置了 4 个题项，分别是"通过产业联盟，成员技术更为全面，更加善于管理""通过产业联盟，成员更善于对知识进行消化、吸收、创新""通过产业联盟，成员获得了新技术和新知识""通过产业联盟，成员直接获得了利润增长"；对综合实力提升的测量设置了 3 个题项，分别是"产业联盟增加了成员新产品的种类""产业联盟拓展了成员的市场和业务""通过产业联盟，成员的知名度和影响力得到了提升"。

3.5　实证方法

本书采用实证主义的研究范式。实证研究多通过实验法或问卷调查法获取数据，然后通过数理统计的方法对所获得的数据进行分析。本书通过问卷调查获得研究数据并加以分析，根据数据分析结果对电子竞技产业知识联盟绩效的影响因素及其作用机理进行解释。

3.5.1　样本容量选取

本研究是基于结构方程模型理论的实证研究，要求研究样本必须达到一定规模。不同的学者给出的建议是不同的。一般而言，最大似然法的参数估计，样本数需达到 500 人（Hu and Bentler，1995）。Boomsma（1982）研究发现，不论是模型有恰当解的百分比、参数估计的精确性，还是卡方统计量的分布，样本容量越大越好，他建议样本容量至少应大于 100，大于 200 将更好。Nunnally（1967）建议，就因子分析而言，样本量应是观察变量的 10 倍。样本的抽样方法有两类：一是概率抽样，可以有效控制抽样误差，抽取到代表性强的样本，如整群抽样等；二是简单方便和低成本的非概率抽样，如便捷抽样、配额抽样等（周飞等，2017）。本研究由于受资源和能力所限，很难获得总体抽样名单，无法进行概率抽样，因此只能采用便捷的问卷发放方式。通过四川省电子竞技协会的推荐，在中国电子竞技协会联盟所属的全国 22 个省区市的电子竞技产业知识联盟成员中发放电子问卷。本研究涉及 32 个观察变量，按照 Nunnally（1967）的建议，样本量达到 320 个比较合适。本研究正式问卷调查一共收集了 622 个有效样本，因此在样本容量上达到了要求。

3.5.2　数据缺失处理

将数据集中不含缺失值的变量（属性）称为完全变量，数据集中含有缺失值的变量称为不完全变量，Little 和 Rubin（2019）定义了以下三种不同的数据缺失机制：一是完全随机缺失（Missing Completely at Random，MCAR），数据的缺失与不完全变量以及完全变量都是无关的；二是随机缺失（Missing at Random，MAR），数据的缺失仅仅依赖于完全变量；三是非随机缺失、不可忽略缺失（Not Missing at Random，NMAR，or nonignorable），不完全变量中数据的缺失依赖于不完全变量本身，这种缺失是不可忽略的。

缺失值插补针对两种大的类型：单一插补（Single Imputation）和多重插补（Multiple Imputation）。单一插补是指采用一定方式，对每个由于无回答造成的缺失值只构造一个合理的替代值，并将其插补到原缺失数据的位置上，替代后构造出一个完整的数据集（Zhang，2016）。多重插补是一种基于重复模拟的处理缺失值的方法。它从一个包含缺失值的数据集中生成一组完整的数据集。每个数据集中的缺失数据用蒙特卡洛方法来填补

（Royston，2004）。本研究使用的处理数据缺失的方法是基于回归形式进行的（尤其是针对单一缺失变量的多重插补法），即基于完整的数据集建立回归方程（模型）。对于包含空值的对象，将已知属性值代入方程来估计未知属性值，以此估计值来进行填充。当变量不是线性相关或预测变量高度相关时会导致有偏差的估计。

3.5.3　数据正态性检验

利用观测数据判断总体是否服从正态分布的检验称为正态性检验，它是统计判决中一种重要的、特殊的拟合优度假设检验（Ghasemi and Zahediasl，2012）。常用的正态性检验方法有正态概率纸法、夏皮罗维尔克检验法（Shapiro-Wilk Test）、科尔莫戈罗夫检验法、偏度—峰度检验法等（Jarque and Bera，1987；Shapiro and Wilk，1965）。本书的研究采用偏度—峰度检验法来检验样本数据的正态性，当偏度的绝对值小于 3，同时峰度的绝对值小于 10 时，则认为数据属于正态分布数据，反之则为偏态数据，而偏态数据需要进行处理才可以进行假设分析，研究主要对除控制变量外的其他研究变量的所有题项进行正态检验（刘如月，2020）。经分析本研究样本数据为正态分布数据，可以进行后续研究。

3.5.4　结构方程模型

结构方程模型（Structural Equation Model，SEM）是基于变量的协方差矩阵来分析变量之间关系的一种统计方法，因此也称为协方差结构分析。结构方程模型属于多变量统计分析，整合了因素分析与路径分析两种统计方法，同时可检验模型中的显变量（测量题目）、潜变量（测量题目表示的含义）和误差变量之间的关系，从而获得自变量对因变量影响的直接效果、间接效果和总效果（Bollen，2005）。

结构方程模型基本上是一种验证性的分析方法，因此通常需要有理论或者经验法则的支持，根据理论才能构建假设的模型图。在构建模型图之后，检验模型的拟合度，观察模型是否可用，同时还需要检验各个路径是否达到显著，以确定自变量对因变量的影响是否显著。本书的研究使用结构方程模型不仅可以评价多维的和相互关联的关系，而且能够发现这些关系中没有被察觉到的概念关系，还能够在评价的过程中解释测量误差。SEM 能够反映模型中要素之间的相互影响；吸纳能力作为一个重要的模型要素，难以直接度量，结构方程模型技术能够更为充分地体现其蕴含的要素信息和影响作用。

3.5.5 拟合指数选取

拟合度也叫适合度、配合度，是结构方程模型中最重要的指标。拟合度指标是假设的理论模型与实际数据的一致性程度，模型拟合度越高，代表理论模型与实际数据的吻合程度越高（Muthén，1984）。Amos 使用卡方作为拟合度检验的结果，一般以卡方值 P>0.05 作为标准，然而卡方容易受到样本大小的影响，因此除了卡方统计量之外，还需要参考其他拟合度指标。表 3-4 是常用的拟合度指标的判断标准（这些指标在 Amos 的"Output"中均能找到）。

表 3-4　模型拟合度指标

指标	判定标准
CMIN/DF	越小越好，一般要求<3，并且要求其 P>0.05
GFI	越接近于 1 越好，一般要求>0.9
RMR	越接近于 0 越好，一般要求<0.05
RMSEA	越接近于 0 越好，一般要求<0.05
AGFI	越接近于 1 越好，一般要求>0.95
NFI	越接近于 1 越好，一般要求>0.95
CFI	越接近于 1 越好，一般要求>0.95
IFI	越接近于 1 越好，一般要求>0.95

3.5.6 信度和效度分析

调查问卷质量高低对调查结果的真实性、适用性等具有决定性的作用。为保证调查问卷具有较高的可靠性和有效性，在正式调查问卷形成前，对问卷进行信度和效度分析，根据分析结果筛选问卷题项、调整问卷结构，从而提高调查问卷的信度和效度（蒋小花等，2010；李灿和辛玲，2008）。

3.5.6.1 信度分析

信度即可靠性，是指采用同样的方法对同一对象重复测量时所得结果的一致性程度。信度指标多以相关系数表示，大致可分为三类：代表跨时间一致性的稳定系数，代表跨形式一致性的等值系数，代表跨项目一致性的内在一致性系数。信度分析的方法主要有以下四种：

（1）重测信度法。该方法是用同样的问卷对同一组被调查者间隔一定时间重复施测，计算两次施测结果的相关系数。重测信度属于稳定系数。重测信度法特别适用于事实式问卷，如性别、出生年月等，这种方法也适用于态度、意见式问卷。重测信度法需要对同一样本试测两次，而且间隔时间也有一定限制，在实施中有一定困难。

（2）复本信度法。该方法是让同一组被调查者一次填答两份问卷复本，计算两个复本的相关系数。复本信度属于等值系数。复本信度法要求两个复本除表述方式不同外，在内容、格式、难度和对应题项的提问方向等方面要完全一致。在实际调查中，很难使调查问卷达到这种要求，因此较少采用这种方法。

（3）折半信度法。该方法是将调查项目分为两半，计算两半得分的相关系数，进而估计整个量表的信度。折半信度属于内在一致性系数，测量的是两半题项得分的一致性。这种方法一般不适用于事实式问卷，常用于态度、意见式问卷的信度分析。在问卷调查中，态度测量最常见的形式是李克特 5 级量表。

（4）α 信度系数法。Cronbach's α 信度系数是目前最常用的信度系数，α 系数评价的是量表中各题项得分的一致性，属于内在一致性系数。这种方法适用于态度、意见式问卷的信度分析。

3.5.6.2 效度分析

效度即有效性，是指测量工具或手段能够准确测出所需测量的事物的程度。效度分为三种类型：内容效度、准则效度和结构效度。调查问卷效度分析的常用方法有以下三种：

（1）单项与总和相关效度分析。用于测量量表设计的题项能否代表所要测量的内容或主题的内容效度。对内容效度常采用逻辑分析与统计分析相结合的方法进行评价。逻辑分析一般由专家评判所选题项是否符合测量的目的和要求。统计分析主要采用单项与总和相关分析法获得评价结果，即计算每个题项得分与题项总分的相关系数，根据是否显著判断是否有效。

（2）准则效度分析。准则效度分析是根据已经确定的某种理论，选择一种指标或测量工具作为准则，分析问卷题项与准则的联系，若二者显著相关，或者问卷题项对准则的不同取值、特性表现出显著差异，则为有效的题项。在调查问卷的效度分析中，选择一个合适的准则往往十分困难，因此这种方法的应用受到一定限制。

（3）结构效度分析。结构效度是指测量结果体现出来的某种结构与测量值之间的对应程度。结构效度分析所采用的方法是因子分析。因子分析的主要功能是从量表全部变量中提取一些公因子，各公因子分别与某一群特定变量高度关联，这些公因子即代表了量表的基本结构。在因子分析的结果中，用于评价结构效度的主要指标有累积贡献率、共同度和因子负荷。累积贡献率反映公因子对量表或问卷的累积有效程度；共同度反映由公因子解释原变量的有效程度；因子负荷反映原变量与某个公因子的相关程度。

3.6 调查设计

本次问卷调查面向电子竞技产业知识联盟中各种类型的参与者，包括电子竞技赛事承办方、电子竞技内容生产商、电子竞技运营商、电子竞技媒体、电子竞技设备开发和制造商、电子竞技参赛方、电子竞技管理部门、电子竞技教育机构、电子竞技科研机构等，主要调查对象为这些企业或组织的高级管理者，相对而言，他们更熟悉电子竞技产业知识联盟的运作过程，也更了解联盟成员的知识共享行为及联盟的绩效表现。由于需要与相关企业或组织的高级管理者联系，本研究主要采取了委托调查的方式。通过四川省电子竞技协会的推荐，在中国电子竞技协会联盟所属的全国 22 个省区市的电子竞技产业知识联盟成员中发放电子问卷。

3.7　本章小结

　　本章主要在文献研究的基础上，立足于具体的关于知识联盟影响因素的研究成果，结合电子竞技产业的实际发展情况，构建了电子竞技产业知识联盟的影响因素及其作用机理概念模型。在借鉴其他研究成果的基础上，本章确定了主要的研究假设，即对成员能力、成员关系、成员知识共享、地区发展水平和政府支持 5 个变量进行了研究假设，包括主效应变量模型与研究假设、中介效应模型与研究假设、调节效应变量模型与研究假设。本章确定了电子竞技产业知识联盟绩效的变量测量方法，介绍了用以实证分析的研究方法，明确了调查问卷调研的实施方案，同时说明了本研究的问卷调查方式。

4　前测分析

为提高调查问卷的信度和效度，在展开大规模调查之前必须进行问卷前测分析。立足于本书第三章从理论层面构建的电子竞技产业知识联盟绩效的影响因素及其作用机理概念模型，结合前文提出的22个研究假设，根据电子竞技产业的行业属性特点，配合研究目的加以设计和修改调查问卷的测量指标和题项。为了保障实证研究的准确性和可靠性，本书选取一定数量的调查样本进行预调研，并借助探索性因子分析方法进行各题项和各分量表的效度检验。

4.1　预调查概况

为了确定正式调查问卷的题目，采用预调查对每个题目能否准确反映变量的内涵进行测度。预调研主要通过问卷星发放网络电子问卷，以及电子邮件邀请电子竞技产业知识联盟中各种类型的参与者填写问卷，包括电子竞技赛事承办方、电子竞技内容生产商、电子竞技运营商、电子竞技媒体、电子竞技设备开发和制造商、电子竞技参赛方、电子竞技管理部门、电子竞技教育机构、电子竞技科研机构等企业或组织的高级管理者。研究采用SPSS 22.0对预调查的数据进行分析，通过信度和效度指标来判断题目是否应该予以保留。

4.2　描述性统计分析

预调查共发放了电子问卷 220 份，回收问卷 210 份，回收率为 95.5%。回收的问卷按以下原则进行剔除：大量选择同一数字或填答的数字具有一定规律性的问卷视为无效；一份问卷上多处多选，且任意勾选答案的视为无效。按上述原则共剔除 10 份无效问卷，最终获得有效问卷 200 份，有效率为 95.2%。预调查样本情况如表 4-1 所示。

表 4-1　预调查样本情况（N=200）

变量	分类	数量（人）	占比（%）
性别	男	100	50
	女	100	50
年龄	20 岁以下	12	6
	20~30 岁	104	52
	31~40 岁	80	40
	41~50 岁	4	2
	50 岁以上	0	0
电子竞技行业从业时间	小于 1 年	168	84
	1~3 年	24	12
	4~6 年	4	2
	大于 6 年	4	2
所在电子竞技组织类型	电子竞技赛事承办方	40	20
	电子竞技内容生产商	12	6
	电子竞技运营商	4	2
	电子竞技媒体	16	8
	电子竞技设备开发和制造商	8	4
	电子竞技参赛方	12	6
	电子竞技管理部门	24	12
	电子竞技教育机构	44	22
	电子竞技科研机构	40	20

由表 4-1 可知，性别方面，研究样本中男性、女性各占 50%。年龄方面，20~30 岁年龄段的居多，占比 52%；31~40 岁的占比 40%；20 岁以下的占比 6%；41~50 岁的占比 2%。电子竞技行业从业时间方面，小于 1 年的比例最大，占比 84%；其次是 1~3 年，占比 12%；再次是大于 6 年和 4~6 年，各占比 2%。所在电子竞技组织类型方面，电子竞技教育机构占比最多，为 22%；其余电子竞技组织分别为电子竞技赛事承办方、电子竞技内容生产商、电子竞技运营商、电子竞技媒体、电子竞技设备开发和制造商、电子竞技参赛方、电子竞技管理部门以及电子竞技科研机构，它们所占比例分别为 20%、6%、2%、8%、4%、6%、12% 和 20%。

4.3 信度分析

信度分析是为保证问卷调查结果的稳定性和一致性而设定的。本书采用常用的 Cronbach's α 系数来检验问卷的信度。

Cronbach's α 系数的变化范围在 0 和 1 之间，越接近 0 表示问卷的信度水平越差，越接近 1 表示问卷的信度水平越好。一般情况认为，当 Cronbach's α 值大于 0.7 时问卷的信度较高；当 Cronbach's α 值小于 0.7 时应舍弃。利用 SPSS 22.0 对问卷数据进行信度分析，分析结果如表 4-2 所示。

表 4-2　变量信度分析结果

变量	变量个数	Cronbach's α
知识专有性	4	0.810
学习创新能力	4	0.794
合作精神	4	0.899
信任水平	4	0.789
成员知识共享	3	0.920
地区发展水平	3	0.831
政府支持	3	0.838
知识技术革新	4	0.895
综合实力提升	3	0.874

知识专有性、学习创新能力、合作精神、信任水平、成员知识共享、地区发展水平、政府支持、知识技术革新和综合实力提升的变量个数分别为4、4、4、4、3、3、3、4、3，其Cronbach's α 值分别为0.810、0.794、0.899、0.789、0.920、0.831、0.838、0.895、0.874。经过检验得知所有变量的Cronbach's α 值均高于0.7，说明为所有变量设置的题项的信度均较好。

4.4　效度分析

效度分析是为保证问卷调查结果的有效性而设定的。本书采用结构效度中的因子分析法对问卷的有效性进行验证。利用SPSS 22.0对将要进行因子分析的相关变量进行KMO样本充分性测试，并结合Bartlett球形检验结果（见表4-3）评判以上变量是否可以进行因子分析：其取值介于0~1，且越接近1，代表变量间的共同因子越多，净相关系数越小，越适合进行因子分析。Kaiser（1974）认为KMO的值应不小于0.5。

表4-3　变量KMO值与Bartlett球形检验结果

因子名称	KMO	Bartlett球形检验		
		近似开方	自由度	显著性
知识专有性	0.751	91.938	6	0.000
学习创新能力	0.753	61.294	6	0.000
合作精神	0.827	145.818	6	0.000
信任水平	0.748	61.676	6	0.000
成员知识共享	0.747	109.843	3	0.000
地区发展水平	0.719	54.429	3	0.000
政府支持	0.690	62.976	3	0.000
知识技术革新	0.882	114.742	6	0.000
综合实力提升	0.853	77.991	3	0.000

如表 4-3 所示，知识专有性、学习创新能力、合作精神、信任水平、成员知识共享、地区发展水平、政府支持、知识技术革新和综合实力提升的 KMO 值分别为 0.751、0.753、0.827、0.748，0.747、0.719、0.690、0.882、0.853，显著性均较高。各变量的 KMO 值均大于 0.68，除政府支持变量外，其余变量的 KMO 的值均大于 0.7。各变量的显著性水平均通过 0.001 检验。此外，Bartlett 球形检验也全部达标。因此，可以进行接下来的因子分析。

需要检测预调查中各维度题项的合理性，采用的方法是探索性因子分析。使用主成分分析法对有关变量进行探索性因子分析，然后运用最大方差法进行旋转分析，结果如表 4-4 所示。

表 4-4　变量因子分析结果

因子名称	问题项	因子载荷	提取平方和载入		
			特征值	方差（%）	累计方差（%）
知识专有性	NLZY1	0.325	2.666	66.654	66.654
	NLZY2	0.704	0.770	19.262	85.916
	NLZY3	0.785	0.386	9.662	95.578
	NLZY4	0.851	0.177	4.422	100.000
学习创新能力	NLCX1	0.681	2.498	62.456	62.456
	NLCX2	0.708	0.710	17.754	80.209
	NLCX3	0.674	0.462	11.552	91.761
	NLCX4	0.435	0.330	8.239	100.000
合作精神	GXHZ1	0.848	3.118	77.960	77.960
	GXHZ2	0.880	0.556	13.904	91.864
	GXHZ3	0.850	0.192	4.797	96.661
	GXHZ4	0.540	0.134	3.339	100.000
信任水平	GXXR1	0.392	2.478	61.948	61.948
	GXXR2	0.721	0.729	18.234	80.183
	GXXR3	0.728	0.490	12.258	92.440
	GXXR4	0.637	0.302	7.560	100.000

因子名称	问题项	因子载荷	提取平方和载入		
			特征值	方差（%）	累计方差（%）
成员知识共享	ZS1	0.899	2.598	86.587	86.587
	ZS2	0.869	0.256	8.525	95.113
	ZS3	0.830	0.147	4.887	100.000
地区发展水平	DQ1	0.725	2.246	74.869	74.869
	DQ2	0.780	0.418	13.935	88.804
	DQ3	0.742	0.336	11.196	100.000
政府支持	ZF1	0.766	2.285	76.178	76.178
	ZF2	0.836	0.469	15.647	91.824
	ZF3	0.683	0.245	8.176	100.000
知识技术革新	JXGX1	0.683	3.049	76.220	76.220
	JXGX2	0.801	0.442	11.045	87.265
	JXGX3	0.797	0.283	7.078	94.343
	JXGX4	0.767	0.226	5.657	100.000
综合实力提升	JXSL1	0.853	2.416	80.534	80.534
	JXSL2	0.812	0.370	12.325	92.859
	JXSL3	0.751	0.214	7.141	100.000

由表4-4可知，知识专有性各题项的因子载荷值分别为0.325、0.704、0.785、0.851；学习创新能力各题项的因子载荷值分别为0.681、0.708、0.674、0.435；合作精神各题项的因子载荷值分别为0.848、0.880、0.850、0.540；信任水平各题项的因子载荷值分别为0.392、0.721、0.728、0.637；成员知识共享各题项的因子载荷值分别为0.899、0.869、0.830；地区发展水平各题项的因子载荷值分别为0.725、0.780、0.742；政府支持各题项的因子载荷值分别为0.766、0.836、0.683；知识技术革新各题项的因子载荷值分别为0.683、0.801、0.797、0.767；综合实力提升各题项的因子载荷值分别为0.853、0.812、0.751。

使用主成分分析法对有关变量进行探索性因子分析，然后运用最大方差法进行旋转分析，在因子个数的选择方面标准如下：特征值>1，因子负荷>0.6。根据表4-4的结果，除题项NLZY1、NLCX4、GXHZ4、GXXR1外，所有因子载荷均大于0.6，因此需要修改题项NLZY1、NLCX4、GX-HZ4、GXXR1，其他题项无须修改。在对以上题项进行修正分析后，量表最终通过了信度和效度检验。

4.5　调查问卷修正

通过以上分析，本节将对量表进行修正，形成最终量表。

4.5.1　成员能力修正分析

原题项NLZY1、NLCX4未通过效度检验，其具体描述分别为"联盟成员之间的知识各有优势""联盟成员能够知道自己缺乏什么知识以及从哪里获得知识"，分析可能是由于题项描述过于笼统，未能较好地表征成员能力这一指标，因此将两个题项分别改为"联盟成员都能深入了解自己的专业领域""联盟成员均具有一定的外部知识转化能力"。

4.5.2　成员关系修正分析

原题项GXHZ4、GXXR1未通过效度检验，其具体描述分别为"联盟成员具有从合作中获得新技术并解决运营问题的能力""联盟成员能够知道自己缺乏什么知识以及从哪里获得知识"，分析前者的说法更侧重于能力肯定，后者忽略了成员间的合作，因此将上述题项分别改为"通过联盟成员之间的合作能更高效地解决业务问题""联盟成员能够通过合作更快地掌握新知识"。

4.5.3　修正后量表

通过对各变量不合适的题项进行具体的修正，得到最终量表（见表4-5），该量表各题项最终均通过了信度和效度检验。

表 4-5　最终量表

变量名称	编号	题项
知识专有性	NLZY1	联盟成员都能深入了解自己的专业领域
	NLZY2	联盟成员具有很多专有技术
	NLZY3	联盟成员的技术知识应用需要特定条件
	NLZY4	理解和接受联盟成员的知识需要一定的相关知识储备
学习创新能力	NLCX1	联盟成员技术更新越来越快
	NLCX2	联盟成员渴望技术进步
	NLCX3	联盟成员接受外来新知识的能力很强
	NLCX4	联盟成员均具有一定的外部知识转化能力
合作精神	GXHZ1	联盟成员倡导合作与交流的文化
	GXHZ2	联盟成员强调团队合作精神
	GXHZ3	联盟成员认为合作伙伴间合作比竞争重要
	GXHZ4	通过联盟成员之间的合作能更高效地解决业务问题
信任水平	GXXR1	联盟成员能够通过合作更快地掌握新知识
	GXXR2	联盟成员彼此都能互相关怀、坦诚沟通
	GXXR3	联盟成员在共同研发或学习过程中敢于投入较高费用
	GXXR4	联盟成员会共同面对突发的危机
成员知识共享	ZS1	联盟成员组成跨组织学习团队，定期举行主题讨论，分享彼此所学到的新知识、新技术
	ZS2	联盟成员能通过知识联盟及时将技术知识分享给知识联盟合作伙伴
	ZS3	联盟成员积极争取参与知识联盟提供的培训
地区发展水平	DQ1	您所处的地区人们的受教育水平很高
	DQ2	您所处的地区有着众多的高水平的企业、科研院所和高等院校
	DQ3	您所处的地区公共基础设施完备
政府支持	ZF1	当地政府制定了支持知识型企业和组织发展的法律和法规
	ZF2	政府会帮助联系知识合作伙伴
	ZF3	政府会出资组织企业、科研院所和高等院校合作进行基础研究
知识技术革新	JXGX1	通过产业联盟，成员技术更为全面，更加善于管理
	JXGX2	通过产业联盟，成员更善于对知识进行消化、吸收、创新
	JXGX3	产业联盟增加了成员新产品的种类
	JXGX4	产业联盟拓展了成员的市场和业务

变量名称	编号	题项
综合 实力提升	JXSL1	通过产业联盟，成员获得了新技术和新知识
	JXSL2	通过产业联盟，成员的知名度和影响力得到了提升
	JXSL3	通过产业联盟，成员直接获得了利润增长

4.6 本章小结

为了提高本书的研究所设计的调查问卷的效度和信度，在正式调查之前对问卷进行了前测分析，定向邀请电子竞技行业相关从业人员进行作答。本次预调查共发放问卷 220 份，剔除填写不全、有遗落项及数据重复率大于 80% 等明显的无效问卷，最终得到有效问卷 200 份。本章的主要内容是借助探索性因子分析方法对调查问卷各题项进行效度检验，并完成了信度分析和题项修正。

5 验证性分析

在对调查问卷量表题项设置进行修正后，便开展大规模的正式调查。分析结果均为正式统计数据的信度和效度指标，在原数据基础上对电子竞技产业知识联盟影响因素及其作用机理的概念模型假设进行实证分析。本章将分别讨论研究模型中的主效应、中介效应、调节效应及全模型检验的实证分析结果，逐一验证研究模型中的理论假设，逐个检验主效应中成员能力、成员关系、成员知识共享对联盟绩效的影响，以及地区发展水平和政府支持对联盟绩效的调节作用。

5.1 数据分析

将正式调查数据进行梳理后，对调查样本数据情况进行统计，分析其分布的合理性。而后，借助 SPSS 和 Amos 软件进行数据的描述性统计分析和量表的信度和效度检验。

5.1.1 描述性统计分析

正式调查问卷同预调查一样，采取了委托调查的方式，调查对象包括电子竞技赛事承办方、电子竞技内容生产商、电子竞技运营商、电子竞技媒体、电子竞技设备开发和制造商、电子竞技参赛方、电子竞技管理部门、电子竞技教育机构、电子竞技科研机构等企业或组织的高级管理者，通过四川省电子竞技协会的推荐，在中国电子竞技协会联盟下属的全国 22 个省区市的电子竞技产业知识联盟成员中发放了电子问卷。正式调查共发放了电子问卷 800 份,收回 692 份,回收率为 86.5%。收回的问卷按以下原则进行剔除:大量选择同一数字或填答的数字具有一定规律性的问卷视为无效;问卷上多处多选,且任意勾选答案的视为无效。按上述原则共剔除 70 份无效问卷,最终获得有效问卷共 622 份,问卷有效率约为 90%。正式调查样本情况如表 5-1 所示。

表 5-1　正式调查样本情况（N＝622）

变量	分类	数量（人）	占比（%）
性别	男	380	61.09
	女	242	38.91
年龄	20 岁以下	78	12.54
	20~30 岁	280	45.02
	31~40 岁	160	25.72
	41~50 岁	68	10.93
	50 岁以上	36	5.79
电子竞技行业从业时间	小于 1 年	246	39.55
	1~3 年	242	38.91
	4~6 年	56	9.00
	大于 6 年	78	12.54
所在电子竞技组织类型	电子竞技赛事承办方	80	12.86
	电子竞技内容生产商	36	5.79
	电子竞技运营商	72	11.58
	电子竞技媒体	66	10.61
	电子竞技设备开发和制造商	34	5.47
	电子竞技参赛方	114	18.33
	电子竞技管理部门	96	15.43
	电子竞技教育机构	72	11.58
	电子竞技科研机构	52	8.36

由表 5-1 可知,性别方面,研究样本中男性居多,占 61.09%;女性占 38.91%。年龄方面,20~30 岁年龄段的居多,占比 45.02%;31~40 岁的占比 25.72%;20 岁以下的占比 12.54%;41~50 岁的占比 10.93%;50

岁以上的占比最小，为5.79%。电子竞技行业从业时间方面，小于1年的比例最大，占比39.55%；其次是1～3年，占比38.91%；再次是大于6年，占比12.54%；最后是4～6年，占比9.00%。所在电子竞技组织类型方面，电子竞技参赛方和电子竞技管理部门占比相对较大，分别为18.33%和15.43%，其余电子竞技组织分别为电子竞技赛事承办方、电子竞技运营商、电子竞技教育机构、电子竞技媒体、电子竞技科研机构、电子竞技内容生产商以及电子竞技设备开发和制造商，它们所占比例分别为12.86%、11.58%、11.58%、10.61%、8.36%、5.79%和5.47%。

5.1.2　同源误差检验

同源误差又称共同方法偏差，是指因数据来源于同一测量环境和测量语境、同一被调查对象，或者测量量表的自身特征导致的前因变量与结果变量之间的共变。Podsakoff等（2003）指出，同源误差会负面影响组织管理领域中实证研究的信度和效度，须加以控制和检验。这种共变可能会严重混淆研究的结果，从而误导研究结论，是一种系统误差（周浩和龙应荣，2004）。

为降低同源误差，需要同时从研究设计和统计方法上采取措施，即程序控制和统计控制。程序控制是指在研究设计与测量过程中所采取的控制措施，如采用多轮测量或者采用配对样本调查。王兴琼（2009）进一步指出，为了降低调查对象在填答问卷时的顾虑，调查问卷的封面信中需要明确告知被试者调查数据仅作研究使用，并向被试者保证问卷的匿名性，还应告诉被试者"答案并无对错之分"。此外，各题项的表述应尽可能简洁准确。本书根据上述建议进行了程序控制，在调查问卷封面信中说明了数据仅作研究统计之用，匿名填写，并强调应根据真实的情况作答，且答案无对错之分。

统计控制上，通常采用Harman单因素检验法来检验同源误差的严重程度。Harman单因素检验的基本假设是如果共同方法的变异大量存在，进行因子分析时，要么析出单独一个因子，要么一个公因子解释了大部分变量变异（周浩和龙应荣，2004）。具体的做法如下：对调查问卷的全部题项进行探索性因子分析，采用主成分分析方法，无须旋转，获得特征值大于1的因子的解释量，结果如表5-2所示。

表 5-2　Harman 单因素检验结果

成分	初始特征值			提取载荷平方和		
	总计	方差百分比（%）	累计百分比（%）	总计	方差百分比（%）	累计百分比（%）
1	6.138	19.180	19.180	6.138	19.180	19.180
2	2.699	8.436	27.616	2.699	8.436	27.616
3	1.733	5.415	33.031	1.733	5.415	33.031
4	1.510	4.718	37.749	1.510	4.718	37.749
5	1.489	4.654	42.404	1.489	4.654	42.404
6	1.278	3.995	46.399	1.278	3.995	46.399
7	1.226	3.832	50.231	1.226	3.832	50.231
8	1.210	3.783	54.014	1.210	3.783	54.014
9	1.131	3.535	57.549	1.131	3.535	57.549
10	0.972	3.038	60.587			
11	0.936	2.925	63.512			
12	0.890	2.780	66.292			
13	0.839	2.622	68.914			
14	0.769	2.403	71.317			
15	0.748	2.336	73.654			
16	0.723	2.259	75.912			
17	0.682	2.132	78.044			
18	0.639	1.998	80.042			
19	0.615	1.923	81.964			
20	0.610	1.905	83.869			
21	0.586	1.832	85.701			
22	0.577	1.804	87.505			
23	0.511	1.597	89.101			
24	0.486	1.518	90.619			
25	0.472	1.476	92.096			
26	0.447	1.396	93.492			
27	0.422	1.319	94.811			
28	0.381	1.191	96.003			
29	0.365	1.141	97.143			
30	0.324	1.012	98.155			

成分	初始特征值			提取载荷平方和		
	总计	方差 百分比（%）	累计 百分比（%）	总计	方差 百分比（%）	累计 百分比（%）
31	0.308	0.963	99.119			
32	0.282	0.881	100.000			

提取方法：主成分分析法

由表5-2可知，主成分分析共提取出9个特征值大于1的因子，解释了总变异量的57.549%，其中第一主成分因子的解释变异量为19.180%，未超过建议的判断值50%（魏海波等，2018），因此，研究数据的同源误差并不显著。

5.1.3 验证性因子分析

在进行假设检验之前，必须先检验各量表的信度和效度。首先采用验证性因子分析（CFA）检验了两维度量表的结构效度，这些量表包括：成员能力、成员关系、联盟绩效。检验结果如表5-3所示。

表5-3　两维度量表的结构效度检验结果

问卷名称 衡量指标	χ^2/df	RMSEA	NFI	IFI	NNFI	CFI
成员能力（二因子模型）	1.526	0.041	0.904	0.965	0.946	0.964
成员能力（单因子模型）	3.954	0.098	0.739	0.791	0.699	0.785
成员关系（二因子模型）	2.357	0.066	0.906	0.943	0.910	0.942
成员关系（单因子模型）	4.646	0.108	0.804	0.839	0.758	0.836
联盟绩效（二因子模型）	1.580	0.043	0.944	0.979	0.965	0.978
联盟绩效（单因子模型）	6.374	0.132	0.755	0.785	0.771	0.781

由表5-3可知，两维度量表（成员能力、成员关系、联盟绩效）的二因子模型的拟合指标均好于其单因子模型，并且各量表的二因子模型的拟合指标均达到要求，因此，以上量表均具有较好的结构效度。

本书的调查问卷中包含6个测量量表：成员能力、成员关系、成员知识共享、地区发展水平、政府支持、联盟绩效。其中，成员能力、成员关系和联盟绩效各包含 2 个维度，因此，本研究的全模型中共涉及 9 个因子，共 32 个题项，样本量为 622 份，满足验证性因子分析样本量是题项量 5~10 倍的要求。现在对九因子全模型及其他模型的拟合情况进行检验，结果如表 5-4 所示。

表 5-4　各量表区分效度的验证性因子分析结果

检验模型	衡量指标	χ^2/df	RMSEA	NFI	IFI	NNFI	CFI
九因子全模型	成员能力二因子、成员关系二因子、成员知识共享、地区发展水平、政府支持、联盟绩效二因子	1.518	0.041	0.762	0.904	0.881	0.900
八因子模型	合并地区发展水平、政府支持	1.891	0.054	0.697	0.830	0.796	0.825
六因子模型	合并成员能力二因子；合并成员关系二因子；合并联盟绩效二因子	2.140	0.061	0.648	0.775	0.739	0.769
五因子模型	合并成员能力二因子；合并成员关系二因子；合并联盟绩效二因子；合并地区发展水平、政府支持	2.392	0.067	0.601	0.721	0.681	0.714
单因子模型	所有因子全部合并	2.900	0.078	0.505	0.609	0.565	0.601

由表 5-4 可知，九因子全模型的拟合指标均优于其他模型，并且九因子全模型的拟合指标基本达到要求，具有良好的适配度。因此，本次调查中的各变量具有良好的区分效度。

5.1.4　量表信度检验

将 9 个因子的平均分作为变量得分，计算变量的均值、标准差和两两之间的 Person 相关系数，结果如表 5-5 所示，其中对角线上括号内数值为各个量表的 Cronbach's α 信度系数。

表5-5 各变量的均值、标准差、相关分析及信度检验结果

	变量	均值	标准差	1	2	3	4	5	6	7	8	9	10	11	12	13
1	性别	1.39	0.49													
2	年龄	2.52	1.03	-0.035												
3	从业时间	1.95	0.99	-0.069	0.157**											
4	组织类型	5.15	2.52	0.019	-0.057	-0.158**										
5	知识专有性	4.11	0.73	0.009	-0.044	0.026	0.018	(0.614)								
6	学习创新能力	3.84	0.79	-0.083	-0.117	-0.021	0.026	0.312**	(0.607)							
7	合作精神	4.00	0.79	-0.029	-0.229**	-0.033	0.013	0.275**	0.458**	(0.630)						
8	信任水平	3.59	0.82	0.008	-0.196**	-0.122*	0.049	0.223**	0.291**	0.334**	(0.709)					
9	成员知识共享	3.83	0.95	-0.029	-0.182**	0.02	0.031	0.255**	0.304**	0.336**	0.270**	(0.705)				
10	地区发展水平	3.50	0.87	-0.022	-0.152*	-0.025	0.059	0.116	0.303**	0.292**	0.339**	0.216**	(0.620)			
11	政府支持	4.05	0.84	0.058	0.026	0.123*	0.035	0.289**	0.135*	0.124*	0.177**	0.112	0.151**	(0.645)		
12	知识技术革新	3.65	0.88	-0.064	-0.275**	-0.145*	0.014	0.148*	0.401**	0.386**	0.357**	0.402**	0.356**	0.054	(0.714)	
13	综合实力提升	4.26	0.76	-0.036	0.035	0.138*	0.014	0.310**	0.322**	0.291**	0.192**	0.257**	0.212**	0.307**	0.289**	(0.612)

注：**、*分别表示在1%、5%的水平上显著；对角线括号中数值为各个量表的Cronbach's α信度系数。

由表 5-5 可知，本研究中各个主要变量之间的相关关系均达到显著水平，为进一步开展假设检验奠定了基础。同时，所有量表的 Cronbach's α 信度系数值均大于 0.6，符合统计要求。需要说明的是，从检验结果来看，各量表的 Cronbach's α 值不高，可能是因为本研究中各个变量设置的测量题项较少（3 题或 4 题）。之所以采用较少的题项进行测量，是因为对特定样本，即电子竞技产业知识联盟相关企业或组织的高级管理者的数据收集难度较大，采用较少题项测量便于满足样本量是题项量 5~10 倍的统计要求，无须做进一步修正。

在正式进行数据处理之前，本研究首先汇总了实证数据的描述性统计情况，检验了数据中是否存在同源误差及其大小。各结果均表明数据符合正式统计分析的要求。其次，对各量表的信度和效度进行了检验，结果表明各量表的信度和效度指标均符合要求，各变量之间具有良好的区分效度。最后，检验了各变量均值、标准差及两两之间的 Person 相关系数，结果表明各变量之间均显著相关。

5.2　主效应实证分析

本节利用多元回归分析方法，分别研究了成员能力对联盟绩效的影响、成员关系对联盟绩效的影响、成员知识共享对联盟绩效的影响以及前因变量对联盟绩效的竞争性影响。

5.2.1　成员能力对联盟绩效的影响

本部分运用线性回归法，分别检验了成员能力的两个维度（知识专有性和学习创新能力）对联盟绩效的两个维度（知识技术革新和综合实力提升）的影响，检验结果结表 5-6 所示。确定控制变量后，将知识专有性和学习创新能力纳入回归模型。

由表 5-6 可知，M2 和 M3 中知识专有性和学习创新能力对知识技术革新均具有显著的正向影响（$\beta = 0.141$，$p < 0.05$；$\beta = 0.370$，$p < 0.01$），M6

表 5-6　成员能力对联盟绩效的回归分析结果

自变量	因变量：知识技术革新				因变量：综合实力提升			
	M1	M2	M3	M4	M5	M6	M7	M8
性别	-0.081	-0.082	-0.048	-0.050	-0.026	-0.029	0.003	-0.006
年龄	-0.261**	-0.254**	-0.217**	-0.217**	0.013	0.028	0.052	0.055
从业时间	-0.109*	-0.114*	-0.107*	-0.108*	0.134*	0.123*	0.136*	0.128*
知识专有性		0.141*		0.029		0.309**		0.228**
学习创新能力			0.370**	0.361**			0.332**	0.260**
R^2	0.093	0.113	0.227	0.477	0.020	0.115	0.127	0.174
ΔR^2	0.093	0.020	0.134	0.135	0.020	0.095	0.108	0.155
ΔF	10.49**	6.79*	52.95**	26.56**	2.07	32.84**	37.75**	28.55**

注：$N = 622$；**、*分别表示在1%、5%的水平上显著；双尾检验。

和 M7 中知识专有性和学习创新能力对综合能力提升均具有显著的正向影响（$\beta = 0.309$，$p < 0.01$；$\beta = 0.332$，$p < 0.01$），因此研究假设 H1a、H1b、H2a、H2b 均得到验证。

当知识专有性和学习创新能力一同被纳入回归模型时，对于综合实力提升而言，两者的影响依然显著（$\beta = 0.228$，$p < 0.01$；$\beta = 0.260$，$p < 0.01$）；但对于知识技术革新而言，只有学习创新能力的影响是正向且显著的（$\beta = 0.361$，$p < 0.01$），但知识专有性的影响不显著（$\beta = 0.029$，n. s.）。这说明对于联盟知识技术革新绩效而言，成员能力中的学习创新能力的影响更大。

5.2.2　成员关系对联盟绩效的影响

本部分运用线性回归法，分别检验了成员关系的两个维度（合作精神和信任水平）对联盟绩效的两个维度（知识技术革新和综合实力提升）的影响，检验结果如表5-7所示。确定控制变量后，将合作精神和信任水平纳入回归模型。

表5-7　成员关系对联盟绩效的回归分析结果

自变量	因变量：知识技术革新				因变量：综合实力提升			
	M1	M2	M3	M4	M5	M6	M7	M8
性别	-0.081	-0.068	-0.079	-0.070	-0.026	-0.015	-0.025	-0.016
年龄	-0.261**	-0.183**	-0.205**	-0.158**	0.013	0.085	0.053	0.101
从业时间	-0.109*	-0.110*	-0.081	-0.088	0.134*	0.134*	0.154**	0.147**
合作精神		0.338**		0.269**		0.315**		0.272**
信任水平			0.308**	0.226**			0.222**	0.139*
R^2	0.093	0.201	0.183	0.246	0.020	0.113	0.067	0.130
ΔR^2	0.093	0.108	0.090	0.153	0.020	0.094	0.047	0.110
ΔF	10.49**	41.46**	33.89**	30.84**	2.067	32.33**	15.34**	19.36**

注：N=622；**、*分别表示在1%、5%的水平上显著；双尾检验。

由表5-7可知，M2和M3中合作精神和信任水平对知识技术革新均具有显著的正向影响（β=0.338，p<0.01；β=0.308，p<0.01），M6和M7中合作精神和信任水平对综合实力提升均具有显著的正向影响（β=0.315，p<0.01；β=0.222，p<0.01），因此，研究假设H3a、H3b、H4a、H4b均得到验证。

当合作精神和信任水平一同被纳入回归模型时，无论对于知识技术革新还是对于综合实力提升而言，两者的影响依然显著（M4：β=0.269，p<0.01；β=0.226，p<0.01。M8：β=0.272，p<0.01；β=0.139，p<0.01）。

5.2.3　成员知识共享对联盟绩效的影响

本部分运用线性回归法，检验了成员知识共享对联盟绩效的两个维度（知识技术革新和综合实力提升）的影响，检验结果如表5-8所示。确定控制变量后，将联盟成员知识共享纳入回归模型。

由表5-8可知，M2和M4中成员知识共享分别对知识技术革新、综合实力提升均具有显著的正向影响（β=0.367，p<0.01；β=0.266，p<0.01）。因此，研究假设H5a、H5b得到验证。

表5-8　成员知识共享对联盟绩效的回归分析结果

自变量	因变量：知识技术革新		因变量：综合实力提升	
	M1	M2	M3	M4
性别	−0.081	−0.069	−0.026	−0.018
年龄	−0.261**	−0.191**	0.013	0.063
从业时间	−0.109*	−0.127*	0.134*	0.121*
成员知识共享		0.367**		0.266**
R^2	0.093	0.223	0.020	0.088
ΔR^2	0.093	0.130	0.020	0.068
ΔF	10.489**	51.198**	2.067	22.834**

注：N=622；**、*分别表示在1%、5%的水平上显著；双尾检验。

5.2.4　各变量对联盟绩效的竞争性影响

本部分运用结构方程模型，检验了各个前因变量：成员能力的两个维度（知识专有性和学习创新能力）、成员关系的两个维度（合作精神和信任水平）以及成员知识共享对联盟绩效的两个维度（知识技术革新和综合实力提升）的竞争性影响，检验结果如图5-1所示。

由图5-1（a）可知，当各个前因变量同时被纳入结构方程模型时，信任水平和成员知识共享对知识技术革新影响的标准化路径系数分别为0.204（p<0.05）和0.320（p<0.01），具有显著性；而知识专有性、学习创新能力、合作精神对知识技术革新影响的标准化路径系数不具有显著性。这表明在竞争模型中信任水平和成员知识共享对知识技术革新的影响更大。类似地，由图5-1（b）可知，知识专有性相比其他变量对综合实力提升的影响最大，标准化路径系数为0.252（p<0.01），具有显著性；其他变量对综合实力提升影响的标准化路径系数均不具有显著性。这表明在竞争模型中知识专有性对综合实力提升的影响更大。

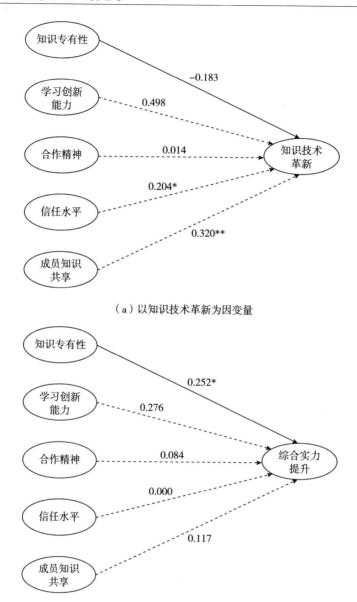

（a）以知识技术革新为因变量

（b）以综合实力提升为因变量

图 5-1　前因变量对知识技术革新和综合实力提升影响的结构方程模型的检验结果

注：图（a）中 $x^2/df = 1.644$，RMSEA = 0.046，IFI = 0.909，CFI = 0.906；图（b）中 $x^2/df =$ 1.702，RMSEA = 0.048，IFI = 0.906，CFI = 0.903；N = 622；**、* 分别表示在 1%、5%的水平上显著。

5.3　中介效应实证分析

本节将逐个检验成员知识共享在成员能力（知识专有性和学习创新能力）和成员关系（合作精神和信任水平）对联盟绩效影响中的中介效应。

5.3.1　成员知识共享在成员能力对联盟绩效影响中的中介作用

本部分运用线性回归法，分别检验了成员知识共享在成员能力的两个维度（知识专有性和学习创新能力）对联盟绩效的两个维度（知识技术革新和综合实力提升）的影响中的中介作用，检验结果如表5-9所示。确定控制变量后，将知识专有性、学习创新能力、成员知识共享纳入回归模型。

表5-9　成员知识共享在成员能力对联盟绩效影响中的中介效应分析结果

自变量	因变量：成员知识共享		因变量：知识技术革新				因变量：综合实力提升			
	M1	M2	M3	M4	M5	M6	M7	M8	M9	M10
性别	-0.033	-0.014	-0.082	-0.070	-0.048	-0.046	-0.029	-0.022	0.003	0.004
年龄	-0.190**	-0.154**	-0.254**	-0.191**	-0.217**	-0.173**	0.028	0.063	0.052	0.081
从业时间	0.047	0.043	-0.114*	-0.128*	-0.107*	-0.121*	0.123*	0.115*	0.136*	0.127*
知识专有性		0.175**	0.141*	0.053			0.309**	0.260**		
学习创新能力		0.231**			0.370**	0.289**			0.332**	0.279**
成员知识共享				0.354**		0.283**		0.200**		0.185**
R^2	0.036	0.144	0.113	0.226	0.227	0.298	0.115	0.151	0.127	0.158
ΔR^2	0.036	0.108	0.020	0.133	0.134	0.205	0.095	0.131	0.108	0.138
ΔF	3.87*	19.16**	6.79*	26.13**	52.95**	44.47**	32.84**	23.53**	37.75**	24.95**

注：$N=622$；**、*分别表示在1%、5%的水平上显著；双尾检验。

由表 5-9 可知，M2 中知识专有性和学习创新能力对成员知识共享均具有显著的正向影响（β = 0.175，p<0.01；β = 0.231，p<0.01）。M3 和 M5 中知识专有性和学习创新能力对知识技术革新均具有显著的正向影响（β = 0.141，p<0.05；β = 0.370，p<0.01），但当成员知识共享被纳入回归模型后，知识专有性对知识技术革新的影响不再显著（M4：β = 0.053，n.s.）；而学习创新能力对知识技术革新依然具有显著影响，但有所下降（M6：β = 0.289，p<0.01）；同时成员知识共享对知识技术革新具有显著影响（β = 0.354，p<0.01；β = 0.283，p<0.01）。这表明成员知识共享在知识专有性对知识技术革新的影响中起完全中介作用，在学习创新能力对知识技术革新的影响中起部分中介作用。因此，研究假设 H6a、H6b 得到验证。

M7 和 M9 中知识专有性和学习创新能力对综合实力提升均具有显著的正向影响（β = 0.309，p<0.01；β = 0.332，p<0.01），当成员知识共享被纳入回归模型后，知识专有性和学习创新能力对综合实力提升的影响依然显著，但有所下降（M8：β = 0.260，p<0.01；M10：β = 0.279，p<0.01）；同时成员知识共享对综合实力提升具有显著影响（β = 0.200，p<0.01；β = 0.185，p<0.01）。这表明成员知识共享在知识专有性和学习创新能力对综合实力提升的影响中均起部分中介作用。因此，研究假设 H7a、H7b 得到验证。

接下来，运用结构方程模型法，以知识专有性和学习创新能力为自变量，以成员知识共享为中介变量，以知识技术革新或综合实力提升为结果变量，进一步检验成员知识共享在成员能力对联盟绩效影响中的中介作用，结果如图 5-2 所示。

5.3.2　成员知识共享在成员关系对联盟绩效影响中的中介作用

本部分运用线性回归法，分别检验了成员知识共享在成员关系的两个维度（合作精神和信任水平）对联盟绩效的两个维度（知识技术革新和综合实力提升）的影响中的中介作用，检验结果如表 5-10 所示。确定控制变量后，将合作精神、信任水平、联盟成员知识共享纳入回归模型。

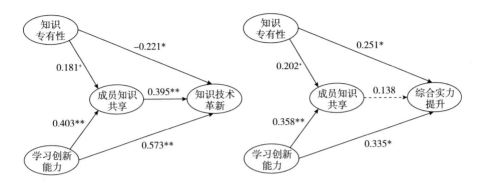

（a）以知识技术革新为因变量　　　　（b）以综合实力提升为因变量

图5-2　成员知识共享在成员能力对联盟绩效影响中的中介作用检验结果

注：图（a）中 $x^2/df = 1.678$，RMSEA $= 0.047$，IFI $= 0.933$，CFI $= 0.932$；图（b）中 $x^2/df = 1.548$，RMSEA $= 0.042$，IFI $= 0.943$，CFI $= 0.941$；N $= 622$；＊＊、＊、+分别表示在1%、5%、10%的水平上显著。

表5-10　成员知识共享在成员关系对联盟绩效影响中的中介效应分析结果

自变量	因变量：成员知识共享		因变量：知识技术革新				因变量：综合实力提升			
	M1	M2	M3	M4	M5	M6	M7	M8	M9	M10
性别	-0.033	-0.022	-0.068	-0.062	-0.079	-0.070	-0.015	-0.011	-0.025	-0.018
年龄	-0.190**	-0.100	-0.183**	-0.149**	-0.205**	-0.160**	0.085	0.108	0.053	0.086
从业时间	0.047	0.063	-0.110*	-0.123*	-0.081	-0.103*	0.134*	0.125*	0.154**	0.139*
合作精神		0.257**	0.338**	0.248**			0.315**	0.256**		
信任水平		0.172**			0.308**	0.230**			0.222**	0.165**
成员知识共享				0.292**		0.310**		0.188**		0.225**
R^2	0.036	0.153	0.201	0.276	0.183	0.270	0.113	0.144	0.067	0.112
ΔR^2	0.036	0.116	0.108	0.183	0.090	0.177	0.094	0.124	0.047	0.093
ΔF	3.87*	20.97**	41.46**	38.44**	33.89**	37.09**	32.33**	22.18**	15.34**	15.89**

注：N=622；＊＊、＊分别表示在1%、5%的水平上显著；双尾检验。

由表 5-10 可知，M2 中合作精神和信任水平对成员知识共享均具有显著的正向影响（β=0.257，p<0.01；β=0.172，p<0.01）。M3 和 M5 中合作精神和信任水平对知识技术革新均具有显著的正向影响（β=0.338，p<0.01；β=0.308，p<0.01），当成员知识共享被纳入回归模型后，合作精神和信任水平对知识技术革新的影响依然显著，但有所下降（M4：β=0.248，p<0.01；M6：β=0.230，p<0.01）；同时成员知识共享对知识技术革新具有显著影响（β=0.292，p<0.01；β=0.310，p<0.01）。这表明成员知识共享在合作精神和信任水平对知识技术革新的影响中均起部分中介作用。因此，研究假设 H8a、H8b 得到验证。

M7 和 M9 中合作精神和信任水平对综合实力提升均具有显著的正向影响（β=0.315，p<0.01；β=0.222，p<0.01），当成员知识共享被纳入回归模型后，合作精神和信任水平对综合实力提升的影响依然显著，但有所下降（M8：β=0.256，p<0.01；M10：β=0.165，p<0.01）；同时成员知识共享对综合实力提升具有显著影响（β=0.188，p<0.01；β=0.225，p<0.01）。这表明成员知识共享在合作精神和信任水平对综合实力提升的影响中均起部分中介作用。因此，研究假设 H9a、H9b 得到验证。

接下来，运用结构方程模型法，以合作精神和信任水平为自变量，以成员知识共享为中介变量，以知识技术革新或综合实力提升为结果变量，进一步检验成员知识共享在成员关系对联盟绩效影响中的中介作用，结果如图 5-3 所示。

5.3.3 成员知识共享中介作用的 Bootstrapping 检验

本部分采用偏差校正非参数百分位 Bootstrapping 法重复抽样 10000 次进行了中介效应检验，结果如表 5-11 所示。

由表 5-11 可知，成员知识共享在知识专有性与知识技术革新之间的中介效应为 0.072，95% 置信区间为 [-0.031，0.213]，包含 0，不显著；成员知识共享在知识专有性与综合实力提升之间的中介效应为 0.028，95% 置信区间为 [-0.031，0.095]，包含 0，不显著；成员知识共享在学习创新能力与知识技术革新之间的中介效应为 0.159，95% 置信区间为

表5-11 成员知识共享中介效应的Bootstrapping分析结果

模型	直接效应 P_{YX}	95%置信区间	间接效应 $P_{YM}P_{MX}$	95%置信区间	总效应 $P_{YX}+P_{YM}P_{MX}$	95%置信区间
知识专有性→成员知识共享→知识技术革新	-0.221*	[-0.538, -0.005]	0.072	[-0.031, 0.213]	-0.149	[-0.507, 0.089]
学习创新能力→成员知识共享→知识技术革新	0.573***	[0.333, 0.930]	0.159**	[0.050, 0.280]	0.732***	[0.509, 1.049]
知识专有性→成员知识共享→综合实力提升	0.251	[-0.089, 0.568]	0.028	[-0.031, 0.095]	0.279	[-0.061, 0.589]
学习创新能力→成员知识共享→综合实力提升	0.335*	[0.008, 0.694]	0.049	[-0.046, 0.162]	0.385*	[0.095, 0.714]
合作精神→成员知识共享→知识技术革新	0.437**	[0.181, 0.699]	0.125*	[0.024, 0.260]	0.562***	[0.340, 0.784]
信任水平→成员知识共享→知识技术革新	0.133	[-0.085, 0.349]	0.066	[-0.014, 0.170]	0.198	[-0.035, 0.407]
合作精神→成员知识共享→综合实力提升	0.341*	[0.031, 0.626]	0.098*	[0.004, 0.231]	0.439**	[0.151, 0.691]
信任水平→成员知识共享→综合实力提升	0.040	[-0.179, 0.248]	0.029	[-0.034, 0.099]	0.069	[-0.160, 0.271]

注：***、**和*分别表示在0.1%、1%和5%的水平上显著（双尾）。P_{YX}代表前因变量对结果变量的影响；P_{YM}代表中介变量对结果变量的影响；P_{MX}代表前因变量对中介变量的影响。

［0.050，0.280］，不包含0，显著；成员知识共享在学习创新能力与综合实力提升之间的中介效应为0.049，95%置信区间为［-0.046，0.162］，包含0，不显著；成员知识共享在合作精神与知识技术革新之间的中介效应为0.125，95%置信区间为［0.024，0.260］，不包含0，显著；成员知识共享在合作精神与综合实力提升之间的中介效应为0.098，95%置信区间为［0.004，0.231］，不包含0，显著；成员知识共享在信任水平与知识技术革新之间的中介效应为0.066，95%置信区间为［-0.014，0.170］，包含0，不显著；成员知识共享在信任水平与综合实力提升之间的中介效应为0.029，95%置信区间为［-0.034，0.099］，包含0，不显著。

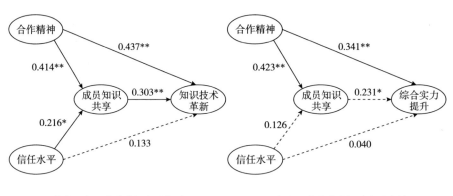

（a）以知识技术革新为因变量　　　　　　（b）以综合实力提升为因变量

图5-3　成员知识共享在成员关系对联盟绩效影响中的中介作用检验结果

注：图（a）中 $x^2/df=2.166$，RMSEA$=0.061$，IFI$=0.913$，CFI$=0.911$；图（b）中 $x^2/df=2.057$，RMSEA$=0.058$，IFI$=0.915$，CFI$=0.913$；N$=622$；＊＊、＊分别表示在1%、5%的水平上显著。

5.4　调节效应实证分析

本节将逐个检验地区发展水平和政府支持在成员知识共享对联盟绩效两个维度（知识技术革新和综合实力提升）的影响中的调节作用。

5.4.1　地区发展水平的调节作用

本部分运用线性回归法，分别检验了地区发展水平在成员知识共享对联盟绩效的两个维度（知识技术革新和综合实力提升）的影响中的调节作用，检验结果如表 5-12 所示。确定控制变量后，将成员知识共享、地区发展水平以及两者的交互项纳入回归模型。

表 5-12　地区发展水平在成员知识共享对联盟绩效影响中的调节效应分析结果

自变量	因变量：知识技术革新				因变量：综合实力提升			
	M1	M2	M3	M4	M5	M6	M7	M8
性别	-0.081	-0.069	-0.063	-0.063	-0.026	-0.018	-0.014	-0.014
年龄	-0.261**	-0.191**	-0.162**	-0.163**	0.013	0.063	0.084	0.089
从业时间	-0.109*	-0.127*	-0.124*	-0.121*	0.134	0.121*	0.123*	0.116*
成员知识共享		0.367**	0.317**	0.320**		0.266**	0.231**	0.222*
地区发展水平			0.258**	0.258**			0.178**	0.178**
成员知识共享×地区发展水平				0.037				-0.121*
R^2	0.093	0.223	0.286	0.287	0.020	0.088	0.117	0.132
ΔR^2	0.093	0.130	0.063	0.001	0.020	0.068	0.030	0.015
ΔF	10.49**	51.20**	26.76**	0.58	2.07	22.83**	10.24**	5.10*

注：N=622；**、*分别表示在1%、5%的水平上显著；双尾检验。

由表5-12可知，M4中成员知识共享和地区发展水平的交互项对知识技术革新的影响不显著（β=0.037，n.s.）；而M8中成员知识共享和地区发展水平的交互项对综合实力提升具有显著的负向影响（β=-0.121，p<0.05）。因此，研究假设H10a未得到验证，H10b得到验证。

接下来，按照Aiken和West（1991）的建议，通过简单斜率分析取点法做出地区发展水平在成员知识共享与综合实力提升之间的调节作用示意图（见图5-4），并分别构建地区发展水平的高水平和低水平的调节变量进行回归分析。由图5-4和回归分析结果可知，当地区发展水平较高时，成员知识共享对综合实力提升的正向作用较弱（β=0.112，n.s.）；当地区发展水平较低时，成员知识共享对综合实力提升的正向作用明显增强（β=0.332，p<0.01）。

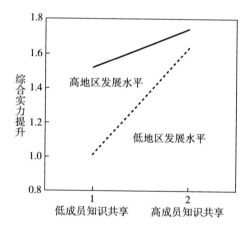

图5-4 地区发展水平在成员知识共享与综合实力提升之间的调节效应

5.4.2 政府支持的调节作用

本部分运用线性回归法，分别检验了政府支持在成员知识共享对联盟绩效的两个维度（知识技术革新和综合实力提升）的影响中的调节作用，检验结果如表5-13所示。确定控制变量后，将成员知识共享、政府支持以及两者的交互项纳入回归模型。

由表5-13可知，M4中成员知识共享和政府支持的交互项对知识技术

表 5-13　政府支持在成员知识共享对联盟绩效影响中的调节效应分析结果

自变量	因变量：知识技术革新				因变量：综合实力提升			
	M1	M2	M3	M4	M5	M6	M7	M8
性别	−0.081	−0.069	−0.072	−0.068	−0.026	−0.018	−0.037	−0.028
年龄	−0.261**	−0.191**	−0.192**	−0.194**	0.013	0.063	0.055	0.051
从业时间	−0.109*	−0.127*	−0.132*	−0.135*	0.134*	0.121*	0.088	0.079
成员知识共享		0.367**	0.363**	0.361**		0.266**	0.234**	0.229**
政府支持			0.039	0.027			0.271**	0.237**
成员知识共享×政府支持				−0.081				−0.231**
R^2	0.093	0.223	0.224	0.231	0.020	0.088	0.159	0.211
ΔR^2	0.093	0.130	0.001	0.006	0.020	0.068	0.071	0.052
ΔF	10.49**	51.20**	0.57	2.54	2.07	22.83**	25.79**	20.07**

注：$N = 622$；**、*分别表示在 1%、5% 的水平上显著；双尾检验。

革新的影响不显著（$\beta = -0.081$，n.s.）；而 M8 中成员知识共享和政府支持的交互项对综合实力提升具有显著的负向影响（$\beta = -0.231$，$p < 0.05$）。因此，研究假设 H11a 未得到验证，H11b 得到验证。

接下来，按照 Aiken 和 West（1991）的建议，通过简单斜率分析取点法做出政府支持在成员知识共享与综合实力提升之间的调节作用示意图（见图 5-5），并分别构建政府支持的高水平和低水平的调节变量进行回归分析。由图 5-5 和回归分析结果可知，当政府支持程度较高时，成员知识共享对综合实力提升的正向作用较弱（$\beta = 0.034$，n.s.）；当政府支持程度较低时，成员知识共享对综合实力提升的正向作用明显增强（$\beta = 0.423$，$p < 0.01$）。

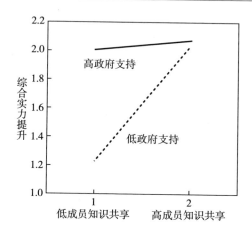

图5-5 政府支持在成员知识共享与综合实力提升之间的调节效应

5.5 全模型检验

鉴于使用SPSS软件对每个因变量以及相关预测变量单独进行回归分析时，并不能对整个模型进行整体分析，也不能显示可能存在的间接效应，因此接下来采用Amos 22对模型进行结构分析，其中涉及成员能力、成员关系、成员知识共享、地区发展水平、地区发展水平×成员知识共享、政府支持、政府支持×成员知识共享、知识技术革新、综合实力提升共9个变量；问卷中的32个题项作为7个独立变量的测量指标；对于地区发展水平×成员知识共享以及政府支持×成员知识共享两个交互项，则是将地区发展水平和政府支持的平均得分除以5作为权重，通过分别乘以成员知识共享相关三个题项的得分得到两个交互项的题项得分；在设定误差变量后，最终得到了结构方程模型（见图5-6）。

模型的拟合度是对样本数据是否支持提出的理论假设的总体评价，选取最能代表调查问卷数据与模型拟合度的两个指标：卡方值与自由度比以及近似误差均方根表（RMSEA）作为拟合度测量检验指标，最终在Amos 22上运行模型得出以下数据（见表5-14）：

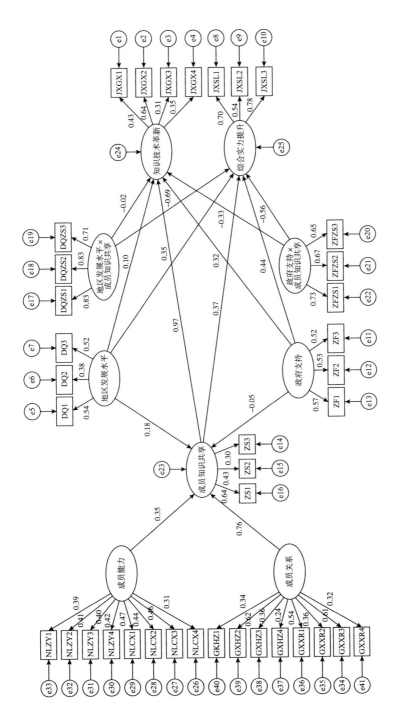

图 5-6　全模型 SEM 路径系数

表 5-14　原始模型变量拟合值

指标	建议值（温忠麟等，2004）	本模型拟合值
卡方值与自由度比	<3	2.804
近似误差均方根表（RMSEA）	<0.1	0.095

由表 5-14 可知，该模型的拟合值在建议值的范围内，说明该模型具有较好的拟合度。结合 Amos 22 给出的报告，对前文所提出的假设进行显著性分析。已知当 C. R. 的绝对值小于 1.96 且 P 值大于 0.05 时，表示模型的路径关系不显著；当 C. R. 的绝对值大于 1.96 且 P 值小于 0.05 时，表示模型的路径关系显著。该模型的路径系数检验结果如表 5-15 所示。

表 5-15　变量路径系数检验结果

序号	假设回归路径	标准路径系数	C. R. 值	P 值
1	成员能力-->成员知识共享	0.348	2.779	0.005
2	成员关系-->成员知识共享	0.756	4.186	***
3	成员知识共享-->知识技术革新	0.969	4.047	***
4	成员知识共享-->综合实力提升	0.366	3.957	***
5	地区发展水平×成员知识共享-->知识技术革新	-0.019	-0.291	0.771
6	地区发展水平×成员知识共享-->综合实力提升	-0.691	-11.003	***
7	政府支持×成员知识共享-->知识技术革新	-0.335	-4.068	***
8	政府支持×成员知识共享-->综合实力提升	-0.561	-8.010	***

注：***表示在 0.1% 的水平上差异显著；由于地区发展水平和政府支持变量在本模型中仅作为控制变量控制调节效应的稳定性，因此表中并未给出它们的路径系数。

由表 5-15 可知，成员能力、成员关系均能通过成员知识共享对知识技术革新和综合实力提升产生影响，且成员关系影响系数更大。地区发展水平和政府支持在成员知识对综合实力提升的影响中均起调节作用。除路径 7 "政府支持在成员知识共享对知识技术革新的影响中起调节作用"外，中介效应与调节效应的拟合分析结果与单独回归结果基本一致，均可得到有效验证；针对路径 7 的假设检验结果与单独回归分析结果不一致的情况，由于结构方程自身方法的稳定性，本书最终选取 Amos 分析结果以支撑政府支持在成员知识共享对知识技术革新的影响中调节作用的假设。因此，经过回归分析和结构方程整体分析，研究假设验证结果汇总如表5-16所示。

表5-16 本书研究假设验证结果汇总

编号	假设	是否成立
H1a	知识专有性对知识技术革新有显著的正向影响	是
H1b	知识专有性对综合实力提升有显著的正向影响	是
H2a	学习创新能力对知识技术革新有显著的正向影响	是
H2b	学习创新能力对综合实力提升有显著的正向影响	是
H3a	合作精神对知识技术革新有显著的正向影响	是
H3b	合作精神对综合实力提升有显著的正向影响	是
H4a	信任水平对知识技术革新有显著的正向影响	是
H4b	信任水平对综合实力提升有显著的正向影响	是
H5a	成员知识共享对知识技术革新有显著的正向影响	是
H5b	成员知识共享对综合实力提升有显著的正向影响	是
H6a	成员知识共享在知识专有性对知识技术革新的影响中起中介作用	是
H6b	成员知识共享在知识专有性对综合实力提升的影响中起中介作用	是
H7a	成员知识共享在学习创新能力对知识技术革新的影响中起中介作用	是
H7b	成员知识共享在学习创新能力对综合实力提升的影响中起中介作用	是
H8a	成员知识共享在合作精神对知识技术革新的影响中起中介作用	是
H8b	成员知识共享在合作精神对综合实力提升的影响中起中介作用	是
H9a	成员知识共享在信任水平对知识技术革新的影响中起中介作用	是
H9b	成员知识共享在信任水平对综合实力提升的影响中起中介作用	是
H10a	地区发展水平在成员知识共享对知识技术革新的影响中起调节作用	否
H10b	地区发展水平在成员知识共享对综合实力提升的影响中起调节作用	是
H11a	政府支持在成员知识共享对知识技术革新的影响中起调节作用	是
H11b	政府支持在成员知识共享对综合实力提升的影响中起调节作用	是

5.6　本章小结

  本章基于调研的样本数据分析结果，利用多元回归分析方法、线性回归法、Amos 全模型检验等对电子竞技产业知识联盟绩效的影响因素及其作用机理概念模型的 22 个假设进行检验，并进一步证明了研究假设的真伪。在对地区发展水平与成员知识共享对知识技术革新的影响的关系结构方程全模型检验后发现，地区发展水平在成员知识共享对知识技术革新的影响中并未起到调节作用。同样地，政府支持在成员知识共享对知识技术革新的影响中也没有起调节作用。假设 H10a 未被证实，其余 21 个假设均被证实。分析结果表明，电子竞技产业知识联盟绩效受到成员能力、成员关系水平、成员知识共享、地区发展水平和政府支持等因素的正向影响。其中，成员知识共享是成员能力、成员关系、地区发展水平与联盟绩效的中介。地区发展水平和政府支持在成员知识共享对联盟绩效的影响中起调节作用，但这种调节作用只反映在联盟综合能力提升方面。

6 对策建议

近年来，电子竞技产业和电子竞技产业知识联盟有了长足的发展，但其仍然存在很多问题。虽然多方都非常看好电子竞技产业的发展前景，但不可否认的是，电子竞技产业仍然存在创新能力不强、变现渠道狭窄的问题。虽然电子竞技产业知识联盟遍地开花，但其绩效水平仍然值得忧虑。如何提升电子竞技产业知识联盟的绩效水平，并通过电子竞技产业知识联盟促进电子竞技产业长远健康发展，是每一个电子竞技从业者以及政府行业主管部门应该认真思考的问题。本章根据数据分析结果确定电子竞技产业知识联盟绩效的影响因素，并从电子竞技产业知识联盟自身和政府两个维度提出推动电子竞技产业知识联盟发展的建议。

6.1 联盟维度

联盟维度主要从审慎选择电子竞技产业知识联盟成员、构建和谐的联盟成员关系、促进联盟成员间广泛的知识共享三个方面对当前电子竞技产业发展提出意见。

6.1.1 审慎选择电子竞技产业知识联盟成员

随着电子竞技产业的深入发展，当前各种电子竞技产业知识联盟有"遍地开花"的趋势，各个联盟也都宣传要整合内容、赛事、资本、人才等资源，搭建电子竞技产业创新合作与对接平台。而在一个联盟内部，可能同时有多种不同类型的电子竞技企业或组织参与，如电子竞技企业，行业协会，娱乐、体育、科技等领域的企业、组织等，以及诸多的投资企业等。在这些成员中，有的甚至是多个电子竞技产业知识联盟的成员。因此，这样的联盟并不稳固，也不利于电子竞技产业知识联盟的长远发展。

电子竞技产业知识联盟成员选择的重要性已经为研究所证实，在实践中如何辨析、选择潜在的合作者，是电子竞技产业知识联盟顺利发展的前提。电子竞技产业知识联盟成员选择应当充分考虑以下几个方面：

第一，知识的互补性。本书对电子竞技产业知识特征的考察证明，电子竞技产业知识联盟成员间的知识互补性、专有性对电子竞技产业知识联盟绩效有正向影响。因此，电子竞技产业知识联盟在选择成员时应当选择那些与既有成员知识类别不同的成员，在成立联盟时，也应当考虑成员间知识体系的相互搭配。电子竞技产业知识联盟创建的基础是成员间资源的互补，包括知识的互补和市场的互补。各方的差异性资源决定了各个成员向联盟提供完全不同类型的资源或技能。电子竞技产业知识联盟在创建时期就必须充分考虑联盟成员的能力搭配，以推动电子竞技产业知识创新的顺利进行和创新成果的变现。

第二，成员的替代性。联盟在选择合作伙伴时，除考虑资源的互补性外，也应考虑潜在成员间的相似性。电子竞技产业知识联盟并不是完全的合作关系，电子竞技产业知识联盟成员的合作坚定了联盟的竞争优势，但成员间的竞争仍然对联盟存在一定的威胁，所以，联盟必须在潜在的成员中选择合作伙伴。

第三，应当选择学习能力强的组织作为联盟成员。电子竞技产业知识联盟的学习能力决定了电子竞技知识创新的成效，因此应当从那些追求技术进步、知识更新保持一定速度的组织中选择成员。电子竞技产业知识联盟合作对象并不一定局限于电子竞技产业内部，而是可以根据联盟知识创新的方向，选择那些电子竞技行业之外拥有强大技术能力或占有强大市场的跨行业的合作对象。

6.1.2　构建和谐的联盟成员关系

本书的研究证明，联盟成员关系对电子竞技产业知识联盟绩效有正向影响，且成员关系对绩效的影响远高于成员能力。本书的研究中联盟成员关系涉及两个维度：合作精神和信任水平。本书对合作精神的测量设置了4个题项，分别是"联盟成员倡导合作与交流的文化""联盟成员强调团队合作精神""联盟成员认为合作伙伴间合作比竞争重要""通过联盟成员之间的合作能更高效地解决业务问题"；对信任水平的测量也设置了4个题项，分别是"联盟成员能够通过合作更快地掌握新知识""联盟成员彼此都能互相关怀、坦诚沟通""联盟成员在共同研发或学习过程中敢于投入较高费用""联盟成员会共同面对突发的危机"。结果显示，"联盟成员强调团队合作精神"和"联盟成员彼此都能互相关怀、坦诚沟通"对联盟绩效影响最大。基于此，本书提出以下建议：

第一，在成员选择阶段，应充分考虑成员间组织文化的相近性。电子竞技产业知识联盟是以电子竞技知识创新为目的的联盟，所以，在成员尤其是核心成员的选择上要充分考虑组织文化中具备创新精神的相关企业或者组织，其必须高度认可联盟所进行的电子竞技知识创新活动，而不是简单地通过加入联盟获利。

第二，要在联盟内部和成员之间鼓励相互信任和培养团队精神。首先，最大限度地促进成员相互融合，缓和成员间由于组织文化、风格不同而产生的冲突。要通过谈判确定联盟内部知识产权所有权归属、电子竞技知识创新成果分享比例等问题，以降低成员间学习的风险。其次，电子竞技产业知识联盟应当促进知识在不同类型成员间的流动，根据电子竞技产业链条，创造联盟内部的知识流动链条。实现知识，尤其联盟创新知识在联盟内部的最大化利用，以利于产生更多的相关创新，提升联盟绩效水平。

第三，建立电子竞技产业知识联盟内部协作机制。联盟成员间的协作机制包括流程化协作模式、模块化模式。模块化就是将复杂系统按照横向合作关系切分为彼此区别又彼此联系的半自主系统，并在各个模块任务完成后予以整合配套的过程。以模块化理念来审视，电子竞技产业知识联盟的管理首先要突出核心模块管理。按照电子竞技知识创新的目标，如果联盟目标是电子竞技技术创新，那么关于电子竞技人机交互、显示效果、传输速度、数据处理能力的创新就是电子竞技技术创新的核心。电子竞技产业知识联盟是按照知识创新流程衔接在一起的，通常认为知识创新包括了知识获取、转移、融合、创造和应用等多个阶段，其中创新构思、创新准备、知识创造、知识应用是关键过程。电子竞技产业知识联盟应当按照流程确定不同成员的协作任务。

6.1.3 促进联盟成员间广泛的知识共享

电子竞技产业是一个新兴产业，具有广阔的成长空间，未来电子竞技产业走向何方，目前并不容易预料。但可以肯定的是，电子竞技产业的独立产业价值正在逐渐显现。在产业发展背后，随着更大众化的用户参与、更强烈的社会认同、更多元深入的商业化步伐、更广泛的地域融合以及立体化的人才培养体系的深入推进，中国电子竞技产业的发展将更加瞩目。本书参考已有相关文献，共选取3个题项对联盟成员的知识共享行为进行测量。这3个题项分别为"联盟成员组成跨组织学习团队，定期举行主题讨论，分享彼此所学到的新知识、新技术""联盟成员能通过知识联盟及时将技术知识分享给知识联盟合作伙伴""联盟成员积极争取参与知识联盟提供的培训"。结果显示，"联盟成员组成跨组织学习团队，定期举行主题讨论，分享彼此所学到的新知识、新技术"对联盟绩效影响最大。基于此，本书提出以下建议：

第一，鼓励联盟成员加强交流。不管什么形式的知识共享交流，包括相互学习、项目合作，都有利于促进不同组织的磨合，从而有助于组织间学习合作的迅速推进。产业联盟要采取有效措施促进联盟成员知识共享，尽快形成良好的创新生态环境。分享知识创新成果，是成员加入电子竞技产业知识联盟的核心关切。首先，电子竞技产业知识联盟要丰富联盟内部知识学习活动。通过组织间的相互学习和项目合作，丰富组织内部的人才互动和知识交流，增加电子竞技产业知识联盟成员之间的技术互补性和相互依存度。联盟要完善内部学习制度，促进成员学习持续进行。其次，在选择交流合作形式时，要考虑不同成员之间的区别，有些成员可以成为联盟的知识伙伴，有些属于市场伙伴或行业伙伴。对于不同的伙伴种类，联盟要在了解其特征的基础上，采取不同的策略进行合作，如组织电子竞技创新单元和模块、鼓励跨团队协作、设立创新奖励等。

第二，联盟成员加强技术合作。电子竞技产业知识联盟的首要任务，是促进不同领域、不同成员间知识的广泛共享，尤其是最新通信技术、AR技术与电子竞技知识的广泛融合，这是未来一段时间内电子竞技产业知识联盟能够进行电子竞技知识创新，占领竞争制高点的最重要的决定因素。电子竞技产业是复合型产业，电子竞技产业知识联盟成员的异质性很大，从产业类型来看，电子竞技产业的主体，如电子竞技赛事、电子竞技直播属于第三产业，但电子竞技设备、周边产品的生产则是传统制造业。电子竞技赛事举办与电子竞技直播之间也存在着很大差别。同时，电子竞技产业还面临着融合更多产业的挑战。从电子竞技产业发展来看，其长远的动力在于电子竞技技术的突破。也就是说，在电子竞技知识创新中，电子竞技内容和技术的创新对产业长远发展的推动性更强。5G结合云计算将成为改变各个产业的最大的技术驱动力，能让用户彻底摆脱硬件的限制，再配合越来越成熟的虚拟现实技术，未来电子竞技赛事和赛事直播将为人们提供颠覆式的体验。以电子竞技产业为例，随着AR、VR等技术的发展，观众可以超越第一视角去观看比赛；超互动化能让观众直接参与到比赛中，甚至即时与选手所在的比赛环境互动。反过来，电子竞技中新科技的试验应用，也会激活和反哺科技的发展。这些都会彻底突破目前电子竞技的商业模式。

第三，联盟应当注重多方面知识共享的同步推进。目前，电子竞技发展经历了野蛮生长阶段，开始进入高质量发展阶段，在高质量发展阶段就需要不同领域知识的融合，从而推进电子竞技产业创新。电子竞技产业的破局点源于粉丝经济的崛起，电商、综艺节目、视频直播、品牌代言等让很多电子竞技从业者找到了新的盈利模式及渠道。从实践来看，电子竞技正在与动漫、影视等不同的数字内容相互碰撞、相互融合，营造出更加综合、立体的数字文化体验。电子竞技作为一个新兴产业，未来还有更多可能与其他产业深入融合。电子竞技产业知识联盟应当促进电子竞技知识与传统业态的深度融合，以扩展电子竞技产业的盈利空间。然而，对于每个成员来说，电子竞技知识产权都是自己的核心资源，企业希望能够最大限度地享有合作成果，所以，如何在这种矛盾状态下平衡知识占有和知识分享之间的关系，促进成员间合作，尤其是知识合作，成为最重要的工作之一。同时，为了联盟的生存发展，电子竞技知识创新短期内应当扩大电子竞技业态创新力度，整合上下游产业，在做好电子竞技与游戏、传媒、文化行业的融合的同时，加快电子竞技与教育、金融等行业的融合，拓展电子竞技产业变现渠道。

6.2　政府维度

本书参考已有相关文献，共选取 3 个题项对联盟所在地区的政府支持进行测量。这 3 个题项分别为"当地政府制定了支持知识型企业和组织发展的法律和法规""政府会帮助联系知识合作伙伴""政府会出资组织企业、科研院所和高等院校合作进行基础研究"。模型检验结果显示，"当地政府制定了支持知识型企业和组织发展的法律和法规"对电子竞技产业联盟绩效的影响最大，而后依次是"政府会帮助联系知识合作伙伴""政府会出资组织企业、科研院所和高等院校合作进行基础研究"。基于此，本书在政府维度主要从完善电子竞技产业知识联盟发展的制度环境、联合电子竞技产业知识联盟打造品牌赛事以及支持电子竞技产业知识联盟通用知识创新三个方面对当前电子竞技产业发展提出建议。

6.2.1　完善电子竞技产业知识联盟发展的制度环境

电子竞技产业是体现一国科技文化和经济等领域综合实力的产业，得益于我国庞大的市场规模和技术优势，目前我国电子竞技产业已经出现了蓬勃发展的势头。电子竞技产业通过赛事举办、赛事直播、教育培训、周边产品等已经形成了内涵广阔的产业业态，影响人数越来越大，成长速度也越来越快。在这种情况下，电子竞技产业发展更需要政府提供良好的制度环境。

第一，明确电子竞技产业主管部门。电子竞技产业具有产业融合的性质，体育、文化、科技等要素都有参与，涉及经信、体育、文化、新闻出版等多个部门，真正是一个多头管理的产业。中国电子竞技产业对外开放程度很高，电子竞技产业各个环节都有境外资本参与，形成了错综复杂的利益格局，资本主导了电子竞技产业的发展。这一方面不利于电子竞技产业自身发展，另一方面不利于国家经济和科技安全。因此，应当尽快明确电子竞技产业主管部门或牵头协调部门，赋予电子竞技产业联盟法律地位，明确电子竞技产业联盟业务范围，尤其是要明确联盟的行为禁区。

第二，保护电子竞技产业知识产权。从上文分析中可以看出，电子竞技产业知识产权既是电子竞技产业知识联盟知识创新的核心成果，也是电子竞技产业知识联盟建立和运行的重要纽带，对电子竞技产业知识联盟绩效有重要影响。因此，应当对电子竞技产业知识产权提供完备的保护。电子竞技产业知识产权有别于其他的知识产权种类，政府部门应当深入研究电子竞技产业知识产权自身和生产过程中的特点，对电子竞技标准、内容、技术、业态等不同领域的知识产权进行妥善的保护，制定电子竞技产业知识产权保护的专门性法律文件，保证电子竞技产业知识联盟的知识创新成果的安全性，保护电子竞技产业知识联盟进行知识创新的积极性。

第三，出台电子竞技产业专项支持政策。电子竞技产业是一个高速成长的综合性新兴产业，对国家的科技安全、文化安全也有一定的影响。因此，政府应当出台电子竞技产业专项支持政策，综合运用财政税收手段促进电子竞技知识创新。电子竞技产业知识联盟在电子竞技知识创新中具有重要地位，所以，国家应当在电子竞技产业政策中明确对电子竞技产业知识联盟的支持。要促进电子竞技产业联盟向电子竞技产业知识联盟转型，鼓励电子竞技产业联盟进行电子竞技知识创新，承接国家和地方重大技术专项项目，并利用知识创新成果增加联盟的吸引力和竞争力。

6.2.2 联合电子竞技产业知识联盟打造品牌赛事

顶级电子竞技赛事的打造需要政府和电子竞技产业知识联盟的深入合作，电子竞技产业知识联盟可以以自己的名义组织电子竞技赛事，但赛事的落地、场地提供、基础设施服务必须有赛事举办地的政府予以支持。对于地方政府来说，顶级电子竞技赛事的举办可以很好地扩展地方的影响力，可以将地方特色文化融入电子竞技赛事之中，通过赛事的举办同步获得关注。围绕品牌赛事，吸引电子竞技产业知识联盟进驻，不断推进电子竞技产业与体育、旅游、文化、科技、会展等领域的深度融合，打造电子竞技产业的完整生态圈，实现电子竞技产业知识联盟和地方经济、社会发展的双赢。

第一，打造自主品牌赛事。打造赛事的品牌化形象，不仅需要从赛事运营的模式创新入手，还需要拥有自主赛事品牌。电子竞技赛事是整个电子竞技产业的"龙头"，是电子竞技产业发展的源泉和助推器，围绕电子竞技赛事可以形成赛事举办地、场馆、俱乐部、赛事转播等完整的产业生态圈。英雄联盟 S6 总决赛上，冠军战的独立观看人数达 4300 万，与传统体育相比，电子竞技的关注度丝毫不落下风。对于电子竞技产业知识联盟来说，电子竞技赛事是电子竞技技术、内容、标准知识创新成果的集中展示，是电子竞技产业知识联盟吸引力和竞争力的重要支撑。根据研究情况，拥有自主品牌赛事能够推动电子竞技知识创新，有利于争取政府支持，从而有效提升电子竞技产业知识联盟绩效。

第二，创新运营模式，探索多元化赛事。在体育赛事领域，一直存在着"二八法则"现象，即头部 20% 的赛事拥有 80% 的关注度、流量和资金支持。目前，国内顶级赛事主要是 DOTA2 的国际邀请赛、英雄联盟全球总决赛、王者荣耀职业联赛（KPL）等，这些赛事占据国内电子竞技赛事顶端，对其背后的电子竞技产业联盟和赛事举办地的人气提升都起到了很好的作用。目前，国内尚缺乏一个具有全球影响力的电子竞技顶级赛事，这成为国内电子竞技产业发展的一大制约。

第三，支持电子竞技产业知识联盟内容创新。电子竞技内容创新主要是电子竞技产业上游的电子竞技游戏创新。目前电子竞技内容创新鲜见亮点，国内电子竞技游戏多数是引自国外或是国外游戏的简单模仿。应当支持电子竞技产业知识联盟编写具有中国传统文化背景的电子竞技游戏，推出具有中国特色的电子竞技游戏。推动电子竞技产业知识联盟与通信、人工智能、人机交互等领域企业的合作，共同推进电子竞技技术创新以及电子竞技技术在通用领域的创新。支持电子竞技企业将地方文化与电子竞技产业深度融合，促进电子竞技产业和地方经济共同发展。促进电子竞技比赛、交易、直播、培训发展，加快品牌建设和衍生品市场开发，打造完整生态圈。

6.2.3 支持电子竞技产业知识联盟通用知识创新

电子竞技通用知识不仅对整个电子竞技产业发展的促进作用明显，也能够推动电子竞技产业与其他产业的深度融合，具有推动地方经济发展的作用。因此，政府应当对电子竞技产业知识联盟的通用知识创新予以重点支持。

第一，重视电子竞技人才的培养。发展电子竞技教育，需要制定一套标准的教学管理模式，以此来保证教学课程的完整性；还可以在电子竞技教育中加入网络技术，提升教学的技术含量。以电子竞技教育为入口，与业界广泛合作，积极为电子竞技产业提供专业、优秀的人才。此外，面对电子竞技人才的巨大缺口，在短时间内高校很难为行业输出数量可观的优秀人才，这使得社会教育显得尤为关键。提升并普及相关认知，加强电子竞技产业与文旅等各领域的融合等，对电子竞技行业来说也很重要。电子竞技人才培养不是一蹴而就的，需要政府、学校、企业和社会各方的共同努力，才能推动电子竞技产业有序健康发展。

第二，将电子竞技知识创新纳入政府支持范围。电子竞技产业标准体系目前是电子竞技产业发展的"瓶颈"，很多电子竞技产业知识联盟也把标准作为电子竞技产业知识创新的重要方向和重要任务。政府主导的技术标准一旦确立，能够在很短的时间内影响市场竞争格局。任何行业标准的制定都需要政府的推动，缺乏政府主导或者政府认可，产业标准的公信力难以保障，产业标准也难以推广。所以，政府应当支持若干个电子竞技产业知识联盟制定电子竞技产业标准。此外，电子竞技产业已经发展成为一个国际性的行业，因此，我国政府应当支持国内电子竞技产业知识联盟尽快统一电子竞技行业国内标准，并推动国内标准成为国际标准。

第三，促进电子竞技技术创新。电子竞技产业技术的应用并不仅限于电子竞技产业自身，在现代技术条件下成长起来的电子竞技产业实际上是不同领域现代科技的综合，如5G、云计算、AR、VR、大数据、区块链技术等，电子竞技产业的发展要依靠这些技术，同时，电子竞技的发展也促进了这些技术的进步。电子竞技与这些前沿技术的关系，如同赛车与汽车技术的关系一样，是相辅相成的。电子竞技产业之于先进技术发展的重要意义在于，电子竞技能够为5G、云计算、大数据、区块链等前沿技术构建一个应用场景，达到技术检验的目的。从这个意义来说，通过电子竞技产业发展，推动各类技术在电子竞技产业中的应用，可以成为未来技术突破的关键。有研究者认为，电子竞技技术有可能成为新工业革命的先导性通用技术。因此，政府应当充分重视电子竞技产业的技术带动作用，推动电子竞技产业知识联盟与技术研发企业合作，将最新的技术成果运用于电子竞技产业中。

针对电子竞技产业知识联盟的通用知识创新项目，政府可以提供配套经费，减小电子竞技产业资金压力。对电子竞技产业知识联盟从事行业标准制定和5G、VR、数字输入等通用性技术的研发要提供税收减免或优惠。政府也可以联合风险基金、金融机构共同成立电子竞技产业知识联盟发展基金，投资电子竞技产业知识联盟通用知识创新项目，通过约定分享创新收益。

6.3 本章小结

本章根据电子竞技产业和电子竞技产业知识联盟现状的分析提出了促进电子竞技产业知识联盟绩效提升的对策建议。从电子竞技产业知识联盟自身来说，首先，在成员选择方面，应当优先选择创新能力强、知识互补的成员，同时也要考虑成员可替代性。其次，应当促进联盟成员间的关系和谐。在联盟建立之初，就选择那些与联盟价值观一致的企业（组织）；在联盟内提倡信任和团队意识；建立必要的协作机制。再次，为了提升绩效，电子竞技产业知识联盟应当尽力促进成员间的知识共享，将促进知识共享作为整个联盟工作的重点，尤其是要采取行动，促进成员间的知识学习、分享活动。政府方面，应当明确支持重点，通过经济、法制和行政手段为电子竞技产业知识联盟知识创新提供支持，具体来说，政府应当完善电子竞技产业知识联盟发展的制度环境、联合电子竞技产业知识联盟打造品牌电子竞技赛事和支持电子竞技产业知识联盟通用知识创新。

7　结束语

本书以电子竞技产业知识联盟为研究对象，采用实证研究的方法对电子竞技产业知识联盟绩效的影响因素及其作用机理展开研究，得出了一些新的结论。

7.1　研究结论

电子竞技产业的深度创新和技术更迭，使电子竞技知识创新不再是电子竞技企业内部的循环，电子竞技企业还需要与其他相关组织分享知识和技术，差异化的知识对于促进电子竞技知识创新有更重要的推动作用。在知识经济背景下，为了规避行业内相关企业之间的竞争带来的不确定性，也为了拓展企业的获利途径，电子竞技企业越来越重视从外部获得新的知识，推动电子竞技技术、内容和业态的创新。因此，电子竞技产业知识联盟成为电子竞技企业创新主要的结构形式和源泉。但是，无论是实践中还是理论上，电子竞技产业知识联盟都还是比较新的概念，有多种不同的解读方式。本书在前人研究的基础上，对产业联盟、知识联盟、电子竞技产业知识联盟等概念进行了分析和界定，强调更多地从知识的交流、创新等角度评价联盟绩效，提出从知识技术革新和综合能力提升两个维度考察电子竞技产业知识联盟绩效，打破了传统研究对知识联盟绩效分析的单一模式。本书总结出影响电子竞技产业知识联盟绩效的五个因素，分别是成员能力、成员关系、成员知识共享、地区发展水平、政府支持，构建了变量与电子竞技产业知识联盟绩效之间作用机理的概念模型，提出了研究的基本假设。为了验证这些假设，本书设计了调查问卷，通过量表的方式获得相关数据，采用相关分析和结构方程模型，对数据进行了统计分析。本书的研究对于完善知识联盟理论、指导电子竞技企业或组织通过知识联盟提升其知识创新能力具有比较强的现实意义。本书的主要研究结论如下：

第一，成员能力、成员关系、成员知识共享对电子竞技产业知识联盟绩效均具有显著的正向影响。成员能力主要体现在知识专有性和学习能力两个维度，在选择成员时，电子竞技产业知识联盟应优先选择学习创新能力强且现有知识与联盟其他成员间形成较大互补的企业或组织。成员关系主要体现在合作精神和信任水平两个维度，合作精神、相互信任是促成联盟成员合作的基础，动机诱发行为、意愿指导行动的理论假设从研究个体行为推广到组织行为同样适用。知识共享是促进电子竞技知识开发的基础和关键一环，电子竞技产业知识联盟并不是一个基于股权建立起来的企业组织，而是基于电子竞技知识开发建立的松散的联盟。

第二，成员知识共享在成员能力、成员关系对电子竞技产业知识联盟绩效的影响中的中介效应明显。成员能力、成员关系会通过影响电子竞技产业知识联盟成员知识共享进一步影响联盟绩效。成员知识共享不仅是一方将信息传送给另一方，而且是双方将共享的知识消化吸收，融合到自己的知识架构里，并发展成新的知识和能力。在大数据时代，企业项目团队应努力实现潜在吸收能力和现实吸收能力的互补，尤其是要加强对外部信息的获取与学习。只有这样，才可能将企业潜在吸收能力转化为企业的创新成果。电子竞技产业知识联盟是电子竞技企业或组织扩展电子竞技知识、创新电子竞技产品和业态的常见方式，通过电子竞技产业联盟成员间知识共享，电子竞技企业可以丰富企业知识，识别、吸纳、整合联盟成员的关键知识或者能力，并创造出新的知识。成员知识共享已经成为电子竞技企业或组织提升创新能力和水平的关键。

第三，政府支持在成员知识共享对联盟绩效的影响中起调节作用。政府不仅可以制定政策支持电子竞技产业创新发展，还可以直接进行资源投入。例如，政府通过提供公共基础设施和资源、创新补助、科技基金等支持电子竞技产业知识联盟加大知识创新活动，提升电子竞技产业知识联盟的竞争能力和水平。

第四，地区发展水平在成员知识共享对联盟绩效的影响中起调节作用。这种调节作用主要体现在成员知识共享影响综合能力提升方面，在成员知识共享影响知识技术革新方面不显著。联盟组织所处地区经济发达，地方政府财力雄厚，那么当地的信息基础设施、交通设施的建设就会比较完备，这有利于组织间进行知识共享。另外，良好的经济环境能够产生知识、财富积聚效应，经济发达地区往往也是高科技组织、高等院校、高级科研院所积聚的地方。

7.2 研究创新

本书的创新之处主要体现在以下几个方面：

第一，提出了电子竞技产业知识联盟绩效的影响因素。电子竞技产业知识联盟绩效影响因素的研究是电子竞技产业、电子竞技产业知识联盟快速发展的客观需要，现有研究严重滞后于实践发展。本书在引用产业联盟、知识经济话语体系和分析范式的基础上，借助定性研究的结果揭示电子竞技产业知识联盟的绩效影响因素，体现多学科综合研究特色，最终提出成员能力、成员关系、成员知识共享、政府支持和地区发展水平等对电子竞技产业知识联盟绩效产生影响。本书应用产业联盟、知识联盟研究的相关理论分析电子竞技产业知识联盟绩效的影响因素，既扩展了产业联盟的研究视角、验证和发展了知识联盟相关理论，也对电子竞技产业知识联盟这一新兴事物给予充分关注，及时回应电子竞技产业发展的客观需要，在研究主视角和影响因素选择上具有新颖性和开拓性。

第二，构建了电子竞技产业知识联盟绩效的影响因素及其作用机理概念模型。本书以电子竞技产业为具体的实证研究对象，针对电子竞技产业知识联盟绩效的影响因素，分别提出三种作用机制：成员关系和成员能力对联盟绩效的直接效应，成员关系和成员能力通过成员知识共享对联盟绩效产生的间接效应，以及由地区发展水平和政府支持引起的调节效应。本书运用相关分析和结构方程两种定量分析方法，确保了研究方法的完整性和研究结果的可靠性。研究实证检验了各影响因素之间的内部关系，更为深入地揭示了电子竞技产业知识联盟绩效影响因素的作用机理，对提出有利于电子竞技产业发展的建议具有更为实际和具体的指导作用。

第三，设计了电子竞技产业知识联盟绩效测评量表。本书在充分借鉴既有产业知识联盟实证研究的测评量表的基础上，通过探索性因子分析设计了适合电子竞技产业知识联盟绩效测评的量表。这些量表为以后进一步实证研究电子竞技产业知识联盟的影响因素奠定了基础或提供了理论参考，也对实证研究其他行业的类似问题具有一定的参考价值。

7.3　研究展望

由于时间限制，本书的研究并未对电子竞技产业知识联盟发展全生命周期进行追踪，属于断面研究，因此只能够观测到电子竞技产业知识联盟某个时点的特征，不能发现联盟合作全生命周期的长期特征，需要在后续研究中进行持续的跟踪。本书采用定性研究方法对电子竞技产业知识联盟治理过程进行了对比分析，由于研究方法本身的差异和样本选择、调查问卷设计等方面的原因，所得分析结果在某些方面未能做到全部一致。本书采用的数据收集方法为主观评价法，个人感受的差异不免对数据准确性产生一定的影响。

本书定量分析部分旨在分析电子竞技产业知识联盟治理中的绩效影响因素，然而由于理论与现实之间的限制，部分受访者不能正确理解调查问卷的问题指向，虽然在预调查后对问卷进行了重新设计和调整，删除修改了部分题项，避免了较大的误差，但仍有小部分受访者对题项存在困惑，研究重点与最初设想相比存在一定偏差，有些研究结果与最初假设存在差异（尤其是在影响电子竞技产业知识联盟绩效的五类因素的相互关系方面）。

未来研究应当对以下问题进行聚焦和探索：

第一，需要展开针对不同类别的电子竞技企业或组织的实证研究。电子竞技产业知识联盟囊括了几乎所有的电子竞技企业类型，包括电子竞技技术研发者、电子竞技游戏开发者、电子竞技游戏运营商、电子竞技赛事组织者、电子竞技赛事运营者等，这些电子竞技企业或组织加入电子竞技产业知识联盟有着不同的动因，发挥的作用各不相同，究竟以哪一种电子竞技企业或组织作为主导时电子竞技产业知识联盟才是最有效率的？哪种电子竞技企业或组织是联盟中最重要的参与者，对绩效有着至关重要的影响？这些问题有深入研究的必要。

第二，联盟成员对电子竞技知识创新所持态度的差异如何影响联盟绩效需要进一步研究。不同的电子竞技企业或组织对于电子竞技知识创新持有的态度并不相同，有些企业主动追求技术进步，会持续不断地吸纳新知识、创新知识，他们能够在电子竞技知识领域保持领先地位，并承担电子竞技知识创新带来的风险，构成了电子竞技产业发展所必需的创新源头。还有的电子竞技企业或组织并不热衷于进行原创性的研发活动，他们更喜欢充分吸收创新者的经验教训，在市场上做跟随者，以规避创新风险。还有一类企业致力于保持现有状态，对电子竞技知识创新持保守态度。根据电子竞技企业对知识创新的态度分类，分别研究其对电子竞技产业知识联盟绩效的影响是非常必要的。

第三，电子竞技产业知识联盟的结构形式对绩效的影响需要进一步验证。随着电子竞技产业的快速发展，电子竞技产业知识联盟所涵盖的组织类型越来越多，它们通过不同的途径成为联盟成员，这些成员之间的联系方式不尽相同，联盟内部的结构形式趋向多样化，有些较为松散，有些较为紧密。如何对这些结构形式进行描述和量化，并将其纳入绩效分析模型，从而找出最有效的电子竞技产业知识联盟结构形式，需要进一步深入研究。

附　录

附录 1　探索性研究调查问卷

尊敬的先生/女士：

您好！十分感谢您配合本次调查问卷相关问题的回答。本调查问卷用于探讨电子竞技产业知识联盟绩效的影响因素及其作用机理。我们保证对您填写的内容严格保密。问卷采取不记名形式，答案也无对错之分，您的真实想法将决定我们研究结果的可靠性，请您客观、完整地完成这份问卷。

谢谢！

第一部分：填写人基本情况

1. 您的性别：

□男　　　　　　　□女

2. 您的年龄：

□20 岁以下　　　　□20~30 岁

□31~40 岁　　　　□41~50 岁

□50 岁以上

3. 从事电子竞技行业相关时间：

□小于 1 年　　　　□1~3 年

□4~6 年　　　　　□大于 6 年

4. 您所在的组织所处的行业：

□电子竞技赛事承办方 □电子竞技内容生产商

□电子竞技运营商 □电子竞技设备开发和制造商

□电子竞技参赛方 □电子竞技管理部门

□教育机构 □科研机构

请根据您的认同情况回答以下问题（在备选框内打"√"，1～5 表示您同意的程度：1＝完全不同意，2＝部分不同意，3＝不确定，4＝部分同意，5＝完全同意）。

第二部分：电子竞技产业知识联盟成员能力特征

编号	问题	1	2	3	4	5
1	联盟成员之间的知识各有优势					
2	联盟成员具有很多专业知识					
3	联盟成员的技术知识应用需要特定条件					
4	理解和接受联盟成员的知识需要一定的相关知识的储备					
5	联盟成员技术更新越来越快					
6	联盟成员渴望技术进步					
7	联盟成员接受外来知识的能力很强					
8	联盟成员能够知道自己缺乏什么知识以及从哪里获得知识					

第三部分：电子竞技产业知识联盟成员关系特征

编号	问题	1	2	3	4	5
1	联盟成员倡导合作与交流的文化					
2	联盟成员强调团队合作					
3	联盟成员认为合作伙伴间合作比竞争重要					
4	联盟成员具有从合作中获得新技术并解决运营问题的能力					
5	联盟成员彼此都能相互关怀、坦诚沟通					
6	联盟成员在共同研发或学习过程中敢于投入较高费用					
7	联盟成员会共同面对突发危机					

第四部分：电子竞技产业知识联盟成员知识共享特性

编号	问题	1	2	3	4	5
1	联盟成员组成跨组织学习团队，定期举行主题讨论，分享彼此学到的新知识、新技术					
2	联盟成员能通过知识联盟及时将技术知识分享给知识联盟合作伙伴					
3	联盟成员积极争取参与知识联盟提供的培训					

第五部分：地区发展水平对电子竞技产业知识联盟的支持情况

编号	问题	1	2	3	4	5
1	您所处的地区人们受教育程度很高					
2	您所处的地区有着众多的高水平的企业、科研院所和高等院校					
3	您所处的地区公共基础设施完备					

第六部分：政府对电子竞技产业知识联盟的支持情况

编号	问题	1	2	3	4	5
1	当地政府制定了支持知识型企业和组织发展的法律和法规					
2	政府会帮助联系知识合作伙伴					
3	政府会出资组织企业、科研院所和高等院校合作进行基础研究					

第七部分：电子竞技产业知识联盟绩效水平

编号	问题	1	2	3	4	5
1	通过知识联盟，成员技术更为全面，更加善于管理					
2	通过知识联盟，成员更善于对知识进行消化、吸收、创新					
3	知识联盟增加了成员新产品的种类					
4	知识联盟拓展了成员的市场和业务					
5	通过知识联盟，成员获得了新技术和新知识					
6	通过知识联盟，成员的知名度和影响力得到了提升					
7	通过知识联盟，成员直接获得了利润增长					

附录2 正式研究调查问卷

尊敬的先生/女士：

您好！十分感谢您配合本次问卷调查相关问题的回答。本调查问卷用于探讨电子竞技产业知识联盟绩效的影响因素及其作用机理。我们保证对您填写的内容严格保密。问卷采取不记名形式，答案也无对错之分，您的真实想法将决定我们研究结果的可靠性，请您客观、完整地完成这份问卷。

谢谢！

第一部分：填写人基本情况

1. 您的性别：

□男　　　　　　　□女

2. 您的年龄：

□20 岁以下　　　　□20~30 岁

□31~40 岁　　　　□41~50 岁

□50 岁以上

3. 从事电子竞技行业相关时间：

□小于 1 年　　　　□1~3 年

□4~6 年　　　　　□大于 6 年

4. 您所在的组织所处的行业：

□电子竞技赛事承办方　□电子竞技内容生产商

□电子竞技运营商　　　□电子竞技设备开发和制造商

□电子竞技参赛方　　　□电子竞技管理部门

□教育机构　　　　　　□科研机构

请根据您的认同情况回答以下问题（在备选框内打"√"，1~5 表示您同意的程度：1＝完全不同意，2＝部分不同意，3＝不确定，4＝部分同意，5＝完全同意）。

第二部分：电子竞技产业知识联盟成员能力特征

编号	问题	1	2	3	4	5
1	联盟成员之间都能深入了解自己的专业领域					
2	联盟成员具有很多专业知识					
3	联盟成员的技术知识应用需要特定条件					
4	理解和接受联盟成员的知识需要一定的相关知识的储备					
5	联盟成员技术更新越来越快					
6	联盟成员渴望技术进步					
7	联盟成员接受外来知识的能力很强					
8	联盟成员均具有一定的外部知识转化能力					

第三部分：电子竞技产业知识联盟成员关系特征

编号	问题	1	2	3	4	5
1	联盟成员倡导合作与交流的文化					
2	联盟成员强调团队合作					
3	联盟成员认为合作伙伴间合作比竞争重要					
4	联盟成员之间的合作更能高效地解决业务问题					
5	联盟成员彼此都能相互关怀、坦诚沟通					
6	联盟成员在共同研发或学习过程中敢于投入较高费用					
7	联盟成员会共同面对突发危机					

第四部分：电子竞技产业知识联盟成员知识共享特性

编号	问题	1	2	3	4	5
1	联盟成员组成跨组织学习团队，定期举行主题讨论，分享彼此学到的新知识、新技术					
2	联盟成员能通过知识联盟及时将技术知识分享给知识联盟合作伙伴					
3	联盟成员积极争取参与知识联盟提供的培训					

第五部分：地区发展水平对电子竞技产业知识联盟的支持情况

编号	问题	1	2	3	4	5
1	您所处的地区人们受教育程度很高					
2	您所处的地区有着众多的高水平的企业、科研院所和高等院校					
3	您所处的地区公共基础设施完备					

第六部分：政府对电子竞技产业知识联盟的支持情况

编号	问题	1	2	3	4	5
1	当地政府制定了支持知识型企业和组织发展的法律和法规					
2	政府会帮助联系知识合作伙伴					
3	政府会出资组织企业、科研院所和高等院校合作进行基础研究					

第七部分：电子竞技产业知识联盟绩效水平

编号	问题	1	2	3	4	5
1	通过知识联盟，成员技术更为全面，更加善于管理					
2	通过知识联盟，成员更善于对知识进行消化、吸收、创新					
3	知识联盟增加了成员新产品的种类					
4	知识联盟拓展了成员的市场和业务					
5	通过知识联盟，成员获得了新技术和新知识					
6	通过知识联盟，成员的知名度和影响力得到了提升					
7	通过知识联盟，成员直接获得了利润增长					

参考文献

［1］艾瑞咨询．中国电竞行业研究报告（2018）［C］.2018.

［2］艾时钟，邬盼莹，杜荣．服务外包企业创新能力提升路径：知识共享与吸收能力的中介作用［J］.科技管理研究，2016，36（1）：135-140.

［3］蔡虹，刘岩，向希尧．企业知识基础对技术合作的影响研究［J］.管理学报，2013，10（6）：875.

［4］蔡翔，严宗光．论知识创新与知识的创新［J］.科技进步与对策，2001（11）：87-88.

［5］曹霞，宋琪．诺莫网络视角下产学研主体间知识共享与知识隐匿关系研究［J］.科技进步与对策，2016（2）：148-154.

［6］曹兴，宋娟，张伟，任胜刚．技术联盟网络知识转移影响因素的案例研究［J］.中国软科学，2010（4）：62-72.

［7］陈菲琼，徐金发．中国企业与跨国公司知识联盟是提高企业竞争力的有效途径［J］.数量经济技术经济研究，2000（12）：15-18.

［8］陈菲琼．关系资本在企业知识联盟中的作用［J］.科研管理，2003，24（5）：37-43.

［9］陈菲琼．企业知识联盟的理论与实证研究［D］.浙江大学博士学位论文，2002.

［10］陈宏志．企业策略联盟绩效的影响因素研究［J］.中央财经大学学报，2004（12）：63-66.

［11］陈劲，阳银娟．外部知识获取与企业创新绩效关系研究综述［J］.科技进步与对策，2014，31（1）：156-160.

［12］陈涛，王铁男，朱智洺．知识距离、环境不确定性和组织间知识共享：一个存在调节效应的实证研究［J］.科学学研究，2013（10）：

1532-1540.

［13］陈伟，潘成蓉．供应链企业间知识共享的创新效应分析：关系和信任导向下的实证研究［J］.技术经济与管理研究，2015，000（005）：26-30.

［14］陈啸，张浩．中小银行战略联盟创新绩效研究：基于激励协同视角的解释［J］.财经理论与实践，2018，39（3）：46-52.

［15］陈战光，宛晴，冯家丛，武传德．政府补贴、知识产权保护与研发投入［J］.投资研究，2018，037（005）：57-71.

［16］程勇．政治教学绩效：基于影响因素的分析与改进［J］.教学与管理，2012（6）：56-59.

［17］丛海涛，唐元虎．隐性知识转移、共享的激励机制研究［J］.科研管理，2007（1）：33-37.

［18］代明，陈俊，陈景信．知识经济学：50年回顾与展望［J］.经济学动态，2016（12）：4-13.

［19］代莹艳．企业战略联盟伙伴选择研究［J］.学理论，2008（22）：31-32.

［20］戴彬，舒畅．基于政府角度的产业技术创新战略联盟绩效评价研究综述［J］.科技管理研究，2014（18）：53-55.

［21］戴志强，王莉莉，周灵，徐啸，孙蓓．首届中国电竞文化教育产业论坛（CECEI2017）暨首届中国电竞文化教育产业联盟成立大会会议纪要［J］.传媒与教育，2017（2）：192-197.

［22］邓修权，彭金梅．企业能力的新视角：分形企业能力［J］.管理评论，2007，019（004）：35-42.

［23］邸晓燕，张赤东．产业技术创新战略联盟的性质、分类与政府支持［J］.科技进步与对策，2011，28（9）：59-64.

［24］杜欣，邵云飞，钱航．集群领先企业与跟随企业的协同创新过程模型［C］.2012.

［25］范德成，李盛楠．考虑空间效应的高技术产业技术创新效率研究［J］.科学学研究，2018，36（5）：901-912.

［26］冯长利，李天鹏，韩玉彦．供应链知识共享绩效评价研究［J］.

科学学与科学技术管理，2011（5）：64-70.

［27］冯海红，王胜光．产业技术联盟支持政策的国际经验与启示［J］.工业技术经济，2008，27（5）：65-67.

［28］符正平．论企业知识联盟［J］.中山大学学报（社会科学版），1999（1）：19-25.

［29］高群，郑家霖．基于演化博弈的产业联盟组织间学习机制分析研究：以3D打印技术产业为例［J］.科技管理研究，2016，36（004）：145-151.

［30］郭军灵．技术联盟中合作伙伴的选择研究［J］.科研管理，2003，24（6）：109-113.

［31］韩莹，陈国宏．集群企业网络权力与创新绩效关系研究：基于双元式知识共享行为的中介作用［J］.管理学报，2016，13（6）：855.

［32］何畔．战略联盟：现代企业的竞争模式［M］.广州：广东经济出版社，2000.

［33］胡海青，李智俊，张道宏．高新技术网络企业知识创新能力影响因素分析：基于西安高新区企业的实证研究［J］.管理评论，2011，23（010）：56-65.

［34］胡刃锋，刘国亮．移动互联网环境下产学研协同创新隐性知识共享影响因素实证研究［J］.图书情报工作，2015，59（7）：48-54，90.

［35］黄哲，刘玉颖．产业联盟实现创新的伙伴选择策略［J］.学术交流，2018（8）：86-92.

［36］纪慧生，陆强，王红卫．产品开发过程的知识创新螺旋研究［J］.科研管理，2011，V32（009）：22-27.

［37］江俊桦，施琴芬，于娱．产学研合作中知识转移的系统动力学建模与仿真［J］.情报科学，2014（8）：50-55.

［38］蒋小花，沈卓之，张楠楠，廖洪秀，徐海燕．问卷的信度和效度分析［J］.现代预防医学，2010，37（3）：429-431.

［39］焦俊，李垣．联盟中显性知识转移和企业内部创新［J］.预测，2007（5）：31-35.

［40］金轲，王昕．大力发展文化产业的产业政策研究：以电竞产业

为例 [J].经济研究参考，2017（56）：58-64.

[41] 康鑫，刘娣.农业企业知识扩散路径对知识进化的传导机制：基于知识共享的中介作用和知识基调节作用 [J].科技管理研究，2018，38（21）：191-197.

[42] 孔伟，刘岩，治丹丹，朱飞，高志越.中国区域高等教育与科技创新协调发展测度实证研究 [J].科技管理研究，2020（9）：74-79.

[43] 雷鹏，梁彤缨，陈修德，冯莉.融资约束视角下政府补助对企业研发效率的影响研究 [J].软科学，2015（3）：38-42.

[44] 李灿，辛玲.调查问卷的信度与效度的评价方法研究 [J].中国卫生统计，2008（5）：541-544.

[45] 李海燕，吕焕方，胡炜.产业化创新联盟绩效评价指标体系现状 [J].中国高校科技，2012，000（001）：100-102.

[46] 李佳，王丽丽，王欢明.不同经济发展水平下创新要素对产业创新绩效的影响及政策启示 [J].科技进步与对策，2020，37（7）：52-58.

[47] 李明星，张梦娟，胡成，苏佳璐，张明然.知识产权密集型产业专利联盟运营模式创新研究 [J].科技进步与对策，2016（22）：64-68.

[48] 李明星.以市场为导向的专利与标准协同发展研究 [J].科学学与科学技术管理，2009（10）：43-47.

[49] 李薇.联盟网络中强势供应商的市场进入决策 [J].系统工程，2015，33（6）：17-25.

[50] 李卫东，刘洪.研发团队成员信任与知识共享意愿的关系研究：知识权力丧失与互惠互利的中介作用 [J].管理评论，2014（3）：129-139.

[51] 李伟.基于企业能力理论的专利能力影响因素及培育研究 [M].杭州：浙江大学出版社，2011.

[52] 李晓钟，徐怡.政府补贴对企业创新绩效作用效应与门槛效应研究：基于电子信息产业沪深两市上市公司数据 [J].中国软科学，2019（5）：31-39.

[53] 李新男.创新"产学研结合"组织模式构建产业技术创新战略联盟 [J].中国软科学，2007，5（9）：12.

[54] 李元旭，唐林芳.发展核心能力的有效途径：知识联盟管理

[J].财经问题研究，1999（12）：3-6.

[55] 林雨洁，谢富纪.基于协同创新理论的产业技术创新战略联盟伙伴选择研究 [J].科技与经济，2013，26（6）：6-10.

[56] 刘海潮.基于价值网络的战略变化效应扩散机制：动态战略管理研究的新问题 [J].科学学与科学技术管理，2007（11）：110-113.

[57] 刘如月.信息技术与业务战略匹配对制造企业服务化的影响研究 [D].山东大学博士学位论文，2020.

[58] 刘泰涵.电竞产业新生态思考 [J].管理观察，2018（1）：41-42.

[59] 刘泰涵.电竞产业新生态思考 [J].计算机与网络，2017，43（24）：24-25.

[60] 刘翼.跨国公司联盟网络的战略性思考 [J].安徽师范大学学报（人文社会科学版），1999（4）：3-5.

[61] 龙凤珍.基于知识转移的技术联盟伙伴选择影响因素研究 [D].中南大学博士学位论文，2011.

[62] 龙勇，龚顺杰.竞争性研发联盟合作效应影响因素分析 [J].科技进步与对策，2009，26（9）：1-4.

[63] 路琳.人际关系对组织内部知识共享行为的影响研究 [J].科学学与科学技术管理，2006（4）：116-121.

[64] 路甬祥，汪继祥.知识经济纵横谈 [M].北京：科学出版社，1998.

[65] 吕思琦.电子竞技产业现状与发展趋势分析 [J].中国市场，2020（2）：30.

[66] 罗胜强，姜嬿.管理学问卷调查研究方法 [M].重庆：重庆大学出版社，2014，

[67] 马辉，王素贞，黄梦娇.基于社会网络分析的建筑产业联盟协同创新影响因素分析：以京津冀地区为例 [J].科技管理研究，2018，38（15）：170-176.

[68] 麦耶斯.知识管理与组织设计 [M].珠海：珠海出版社，1998.

[69] 牛冲槐，牛夏然，牛彤，王聪.人才聚集对区域创新网络影响的实证研究 [J].科技进步与对策，2014，31（15）：147-152.

［70］牛刚，刘映朕．产学研合作中企业知识创新能力提升动态模型构建研究：基于知识共享视角［J］.重庆交通大学学报（社会科学版），2014，14（6）：61-64.

［71］彭建峰，白艳宁．我国电竞产业政策演进历程、特征及优化建议［J］.现代交际，2020（14）：248-250.

［72］彭伟，符正平．联盟网络，资源整合与高科技新创企业绩效关系研究［J］.管理科学，2015，28（003）：26-37.

［73］彭伟，符正平．权变视角下联盟网络与新创企业成长关系研究［J］.管理学报，2014，11（5）：659-668.

［74］钱亦舟．电子竞技产业发展思考［J］.体育文化导刊，2015，000（008）：118-123.

［75］邱茜，张春悦，魏云刚，战乃新，孙波．国外知识共享研究综述［J］.情报理论与实践，2010（3）：120-124.

［76］任慧，和金生．我国新型产业集聚区及其知识联盟构建模式的探讨［J］.管理现代化，2009（3）：56-58.

［77］任慧．知识联盟运行绩效的影响因素及评价研究［D］.天津大学博士学位论文，2011.

［78］任丽丽，岳东林，彭玉荣．伙伴间关系、知识转移与知识联盟成员绩效研究［J］.河北经贸大学学报，2017，38（2）：81-88.

［79］任志安．知识共享与规模经济、范围经济和联结经济［J］.科学学与科学技术管理，2005（10）：119-124.

［80］时希杰，吴育华．企业核心竞争力三维评价模型与实证研究［J］.中国管理科学，2012（3）：102-106.

［81］史建锋，张庆普．复杂开放环境下产学研知识创新联盟合作影响因素［J］.中国科技论坛，2017（8）：5-11.

［82］史建锋．互联网环境下产学研知识创新联盟合作研究［D］.哈尔滨工业大学博士学位论文，2017.

［83］舒成利，高山行．基于知识生产模式的原始性创新发生机制的研究［J］.科学学研究，2008，26（3）：640-644.

［84］舒成利，胡一飞，江旭．战略联盟中的双元学习、知识获取与

创新绩效 [J]. 研究与发展管理, 2015, 27 (6): 97-106.

[85] 宋宝香, 彭纪生. 组织内知识共享机制与人力资源管理策略 [J]. 中国人力资源开发, 2007, 000 (007): 21-24.

[86] 宋东林, 孙继跃. 产业技术创新战略联盟运行绩效评价体系研究 [J]. 科技与经济, 2012, 25 (001): 27-31.

[87] 苏沐晖. 电竞产业链条日趋完整 [J]. 新产经, 2019 (12): 64-66.

[88] 苏中锋, 谢恩, 李垣. 基于不同动机的联盟控制方式选择及其对联盟绩效的影响: 中国企业联盟的实证分析 [J]. 南开管理评论, 2007, 10 (5): 4-11.

[89] 宿伟玲. 战略联盟若干理论及方法研究 [D]. 天津大学博士学位论文, 2004.

[90] 孙彪, 刘益, 郑淞月. 联盟社会资本、知识管理与创新绩效的关系研究: 基于技术创新联盟的概念框架 [J]. 西安交通大学学报 (社会科学版), 2012, 32 (3): 43-49.

[91] 孙新波, 张大鹏, 吴冠霖, 钱雨. 知识联盟协同创新影响因素与绩效的关系研究 [J]. 管理学报, 2015, 12 (8): 1163.

[92] 谭青山, 陈旺. 我国电竞热背后的冷思考 [J]. 体育文化导刊, 2018, 187 (1): 82-86.

[93] 唐承林, 顾新. 跨组织知识共享合作伙伴关系的选择与构建研究 [J]. 决策咨询, 2020 (5): 43-47+55.

[94] 汪颖. 中国跨国公司技术战略联盟的影响因素及对策 [J]. 北方经贸, 2011 (6): 17-18.

[95] 王超, 蒋萍, 孙茜. 金融发展、产业结构水平对地区创新绩效的影响 [J]. 西安建筑科技大学学报: 社会科学版, 2017 (6): 30-37.

[96] 王继光, 牛凡, 刘友. 供应链伙伴关系、知识共享和创新绩效关系研究 [J]. 科技与经济, 2020, 33 (3): 21-25.

[97] 王良, 刘益, 张磊楠. 转型业务流程外包中企业间竞合关系类型、知识共享与创新绩效关系研究 [J]. 科技进步与对策, 2013, 30 (7): 84-89.

［98］王明荣．基于知识创新的企业激励机制研究［D］．天津大学博士学位论文，2011.

［99］王树恩，陈士俊．科学技术论与科学技术创新方法论［M］．天津：南开大学出版社，2001.

［100］王伟光，冯荣凯，尹博．产业创新网络中核心企业控制力能够促进知识溢出吗？［J］．管理世界，2015（6）：99-109.

［101］王兴琼．游客安全感知对其目的地选择的影响研究述评［J］．旅游论坛，2009（4）：485-489.

［102］王雪原，王宏起．政府引导下的产学研战略联盟运行机制及策略研究［J］．科技进步与对策，2009，26（6）：1-4.

［103］王雪原．R&D联盟创新资源管理效果评价［J］．科学学与科学技术管理，2009（8）：85-90.

［104］王亚彬．生命周期视角下知识联盟绩效评价指标体系的构建［J］．商场现代化，2016（4）：119-120.

［105］王永贵，卢兴普．对联盟网络的重新审视：基于资源与能力的观点［J］．上海财经大学学报，2002（1）：31-37.

［106］王玉梅．基于技术创新过程的知识创新运行机理分析与网络模型的构建［J］．科学学与科学技术管理，2010，31（009）：111-114.

［107］魏海波，李新建，刘翔宇．"HRM-竞争战略"匹配模式对组织适应性绩效的作用机制研究［J］．管理学报，2018，15（3）：366.

［108］魏玲．云计算产业联盟云平台知识共享模式研究［D］．哈尔滨理工大学博士学位论文，2018.

［109］温忠麟，侯杰泰，马什，赫伯特．结构方程模型检验：拟合指数与卡方准则［J］．心理学报，2004，36（2）：186-194.

［110］吴翠花，万威武．基于组织学习的联盟网络形成机理研究［J］．科学学研究，2005（5）：672-676.

［111］吴绍棠，李燕萍．企业的联盟网络多元性有利于合作创新吗：一个有调节的中介效应模型［J］．南开管理评论，2014，17（3）：152-160.

［112］吴松强，蔡文洁．知识溢出对先进制造业集群升级的影响研究：基于企业合作的中介和政府支持的调节作用［J］．华东经济管理，

2019（10）：58-65.

[113] 吴杨，苏竣．科研团队知识创新系统的复杂特性及其协同机制作用机理研究［J］．科学学与科学技术管理，2012，33（001）：156-165.

[114] 肖丁丁，朱桂龙，戴勇．R&D 投入与产学研绩效关系的实证研究［J］．管理学报，2011，8（5）：706.

[115] 肖利平．政府干预、产学联盟与企业技术创新［J］．科学学与科学技术管理，2016，37（3）：21-30.

[116] 谢永平，毛雁征，张浩淼．组织间信任、网络结构和知识存量对网络创新绩效的影响分析：以知识共享为中介［J］．科技进步与对策，2011，28（24）：172-176.

[117] 熊莉，李晓明，张璟．产业技术创新战略联盟合作创新激励机制探讨［J］．产业与科技论坛，2019（18）：6.

[118] 徐二明，徐凯．资源互补对机会主义和战略联盟绩效的影响研究［J］．管理世界，2012，000（001）：93-103.

[119] 徐凯，高山行．技术资源管理对社会资本和产品创新中介作用研究［J］．管理科学，2008（6）：4-10.

[120] 许强，应翔君．核心企业主导下传统产业集群和高技术产业集群协同创新网络比较：基于多案例研究［J］．软科学，2012，26（6）：10-15.

[121] 薛卫，雷家骕，易难．关系资本、组织学习与研发联盟绩效关系的实证研究［J］．中国工业经济，2010（4）：89-99.

[122] 闫芬，陈国权．实施大规模定制中组织知识共享研究［J］．管理工程学报，2002，16（3）：39-44.

[123] 阳银娟．知识伙伴对企业创新绩效的影响研究［D］．浙江大学博士学位论文，2015.

[124] 杨伟，周青，方刚．产业联盟的组织复杂度、牵头单位类型与合作创新率［J］．科学学研究，2015，033（005）：713-722.

[125] 杨越．新时代电子竞技和电子竞技产业研究［J］．体育科学，2018，038（4）：8-21.

[126] 野中郁次郎，竹内弘高，李萌，高飞．创造知识的企业［M］．北京：知识产权出版社，2006.

［127］叶林良，应洪斌，张东志．基于 Fuzzy-AHP 的动态联盟潜在合作伙伴能力的识别研究［J］．经济论坛，2006（21）：82-83.

［128］殷群，李丹．产业技术创新联盟合作伙伴选择研究［J］．河海大学学报（哲学社会科学版），2014，16（2）：62-66.

［129］于伟涛．我国电子竞技产业发展研究［J］．企业改革与管理，2020，（1）：95.

［130］郁培丽，刘锐．区域产业结构对创新绩效影响的实证研究［J］．东北大学学报（自然科学版），2011（12）：1786-1789.

［131］喻登科，周子新．普适性信任，知识共享宽度与企业开放式创新绩效［J］．科技进步与对策，2020，37（1）：112-121.

［132］喻金田，胡春华．技术联盟协同创新的合作伙伴选择研究［J］．科学管理研究，2015（1）：13-16.

［133］袁红梅．知识服务产业联盟探析［J］．图书馆学研究，2014（13）：83-87.

［134］张国峰．产学研联盟的知识转移机制及治理模式研究［D］．大连理工大学博士学位论文，2012.

［135］张海生．我国产业联盟的发展现状及未来发展趋势［J］．中国科技成果，2007（11）：7-9.

［136］张涵，康飞，陶春．科技创业孵化成员关系强度，知识共享对联盟绩效的影响：成员能力的调节作用［J］．科技进步与对策，2017，34（18）：107-112.

［137］张涵，康飞，赵黎明．联盟网络联系、公平感知与联盟绩效的关系：基于中国科技创业联盟的实证研究［J］．管理评论，2015，27（3）：153-162.

［138］张敬文，江晓珊，周海燕．战略性新兴产业技术创新联盟合作伙伴选择研究：基于 PLS-SEM 模型的实证分析［J］．宏观经济研究，2016（5）：79-86.

［139］张敬文，谢翔，陈建．战略性新兴产业协同创新绩效实证分析及提升路径研究［J］．宏观经济研究，2015，000（007）：108-117.

［140］张亮，焦英奇．后疫情时代体育产业发展的空间转向与价值重

构：基于新冠肺炎疫情背景下体育产业发展的分析［J］.体育与科学，2020，41（3）：25-30.

［141］张明.开放式创新网络知识共享行为研究［D］.北京理工大学博士学位论文，2015.

［142］张鹏.大数据背景下企业创新能力提升研究：基于知识吸收能力视角［J］.山东社会科学，2018，271（3）：130-133.

［143］张小兰.论企业战略联盟［D］.西南财经大学博士学位论文，2003.

［144］张延锋，刘益，李垣.战略联盟价值创造与分配分析［J］.管理工程学报，2003（2）：20-23.

［145］张延锋，田增瑞.战略联盟绩效影响因素的实证研究［J］.研究与发展管理，2007，19（3）：63-68.

［146］张莹，吴翠花.科技型中小企业建立联盟网络组织模式的理论解释［J］.山西经济管理干部学院学报，2005（1）：5-9.

［147］赵炎，王琦，郑向杰.网络邻近性，地理邻近性对知识转移绩效的影响［J］.科研管理，2016，37（1）：128-136.

［148］赵炎，王琦.联盟网络的小世界性对企业创新影响的实证研究：基于中国通信设备产业的分析［J］.中国软科学，2013（4）：108-116.

［149］赵炎，郑向杰.网络嵌入性与地域根植性对联盟企业创新绩效的影响：对中国高科技上市公司的实证分析［J］.科研管理，2013，34（11）：9-17.

［150］郑春美，李佩.政府补助与税收优惠对企业创新绩效的影响：基于创业板高新技术企业的实证研究［J］.科技进步与对策，2015，32（16）：83-87.

［151］周飞，冉茂刚，沙振权.多渠道整合对跨渠道顾客保留行为的影响机制研究［J］.管理评论，2017，29（3）：176-185.

［152］周浩，龙立荣.共同方法偏差的统计检验与控制方法［J］.心理科学进展，2004，12（6）：942-950.

［153］Abanazir C. Institutionalisation in e-sports［J］. Sport, Ethics and Philosophy, 2019, 13（2）：117-131.

［154］ Adobor H. Trust as sensemaking: the microdynamics of trust in interfirm alliances ［J］. Journal of Business Research, 2005, 58 （3）: 330-337.

［155］ Aiken L S, West S G, Reno R R. Multiple regression: Testing and interpreting interactions ［M］. London: SAGE, 1991.

［156］ Albers S, Wohlgezogen F, Zajac E J. Strategic alliance structures: An organization design perspective ［J］. Journal of Management, 2016, 42 （3）: 582-614.

［157］ Amidon D M. Innovation Strategy for the Knowledge Economy: The Ken Awakening ［J］. Long Range Planning, 1997, 31 （2）: 325-326.

［158］ Anderson A R, Dodd S D, Jack S. Network practices and entrepreneurial growth ［J］. Scandinavian Journal of Management, 2010, 26 （2）: 121-133.

［159］ Antonelli C. Models of knowledge and systems of governance ［J］. Journal of institootional economics, 2005, 1 （1）: 51-73.

［160］ Antonelli C. The Business Governance of Localized Knowledge: An Information Economics Approach for the Economics of Knowledge ［J］. Industry Innovation, 2006, 13 （3）: 227-261.

［161］ Argote L, Ingram P. Knowledge transfer: A basis for competitive advantage in firms ［J］. Organizational Behavior & Human Decision Processes, 2000, 82 （1）: 150-169.

［162］ Ariño A. Measures of strategic alliance performance: An analysis of construct validity ［J］. J Int Bus Stud, 2003, 34 （1）: 66-79.

［163］ Babafemi I D. Corporate strategy, planning and performance evaluation: A survey of literature ［J］. Journal of Management Policies and Practices, 2015, 3 （1）: 43-49.

［164］ Baker W E, Sinkula J M. The synergistic effect of market orientation and learning orientation on organizational performance ［J］. Journal of the academy of marketing science, 1999, 27 （4）: 411-427.

［165］ Batjargal. Social capital and entrepreneurial performance in Russia: A longitudinal study ［J］. Acoustics Speech & Signal Processing Newsletter IEEE, 2003, 24 （4）: 535-556.

[166] Baum J A, Calabrese T, Silverman B S. Don't go it alone: Alliance network composition and startups' performance in Canadian biotechnology [J]. Strategic management journal, 2000, 21 (3): 267-294.

[167] Beamish P W. The characteristics of joint ventures in developed and developing-countries [J]. Columbia J World Bus, 1985, 20 (3): 13-19.

[168] Belderbos R, Carree M, Diederen B, Lokshin B, Veugelers R. Heterogeneity in R&D cooperation strategies [J]. Int J Ind Organ, 2004, 22 (8-9): 1237-1263.

[169] Bin W. Research on the Evolutional Path of Knowledge States in Knowledge Alliance [J]. Information Studies: Theory & Application, 2016 (1): 12.

[170] Birnberg J G. Control in interfirm co - operative relationships [J]. Journal of Management Studies, 1998, 35 (4): 421-428.

[171] Blodgett L L. Research notes and communications factors in the instability of international joint ventures: An event history analysis [J]. Strategic management journal, 1992, 13 (6): 475-481.

[172] Bollen K A. Structural equation models [J]. Encyclopedia of biostatistics, 2005 (6): 1-4.

[173] Boomsma A. The robustness of LISREL against small sample sizes in factor analysis models [A] //Systems under indirect observation: Causality, structure, prediction [M]. Amsterdam: North-Holland, 1982: 149-173.

[174] Borys B, Jemison D B. Hybrid arrangements as strategic alliances: Theoretical issues in7 organizational combinations [J]. Academy of management review, 1989, 14 (2): 234-249.

[175] Bronder C, Pritzl R. Developing strategic alliances: a conceptual framework for successful co - operation [J]. European Management Journal, 1992, 10 (4): 412-421.

[176] Bullinger A C, Neyer A K, Rass M, Moeslein K M. Community - based innovation contests: Where competition meets cooperation [J]. Creativity and innovation management, 2010, 19 (3): 290-303.

[177] Chen C J. The effects of knowledge attribute, alliance characteristics, and absorptive capacity on knowledge transfer performance [J]. R&D Management, 2004, 34 (3): 311-321.

[178] Cherrington D J. Organizational behavior: The management of individual and organizational performance [M]. Boston: Allyn and Bacon Boston, 1994.

[179] Child J, Faulkner D. Strategies of cooperation: Managing alliances, networks, and joint ventures [M]. New York: Oxford University Press, 1998.

[180] Child J, Faulkner D, Tallman S B. Cooperative strategy [M]. New York: Oxford University Press, 2005.

[181] Churchill JR G A. A paradigm for developing better measures of marketing constructs [J]. J Marketing Res, 1979, 16 (1): 64-73.

[182] Cincera J, Biberhofer P, Binka B, Boman J, Mindt L, Rieckmann M. Designing a sustainability-driven entrepreneurship curriculum as a social learning process: A case study from an international knowledge alliance project [J]. Journal of Cleaner Production, 2018, 172: 4357-4366.

[183] Council N R. US-Japan strategic alliances in the semiconductor industry: Technology transfer, competition, and public policy [M]. Washington DC: National Academies Press, 1992.

[184] Culpan, Refik. Multinational strategic alliances [M]. New York: International Business Press, 1993.

[185] Cummings J L, Teng B S. Transferring R&D knowledge: the key factors affecting knowledge transfer success [J]. Journal of Engineering and Technology Management, 2003, 20 (1/2): 39-68.

[186] Delbufalo E. Outcomes of inter-organizational trust in supply chain relationships: a systematic literature review and a meta-analysis of the empirical evidence [J]. Supply Chain Management: An International Journal, 2012, 17 (4): 377-402.

[187] Dixon N M. Common knowledge: How companies thrive by sharing what they know [M]. Boston: Harvard Business School Press, 2000.

［188］Dong J Q, Yang C H. Information technology and organizational learning in knowledge alliances and networks: Evidence from U. S. pharmaceutical industry ［J］. Information & Management, 2015, 52（1）: 111-122.

［189］Doz Y L. The evolution of cooperation in strategic alliances: Initial conditions or learning processes? ［J］. Strategic Management Journal, 1996, 17 （S1）: 55-83.

［190］Drucker P F. Knowledge-worker productivity: The biggest challenge ［J］. California management review, 1999, 41（2）: 79-94.

［191］Dunning R N H. Explaining international R&D alliances and the role of governments ［J］. International Business Review, 1998, 7（4）: 377-397.

［192］Faulkner D. International strategic alliances: Co-operating to compete ［M］. New York: McGraw-Hill, 1995.

［193］Fleming L, Juda A. Data-A network of invention ［J］. Harvard Business Review, 2004, 82（4）: 93-99.

［194］Foss N J, Husted K, Michailova S, Pedersen T. Governing knowledge processes: theoretical foundations and research opportunities ［J］. Copenhagen Business School, Work in progress, 2003.

［195］Geringer J M, Frayne C A. Human resource management and international joint venture control: A parent company perspective ［J］. Management International Review, 1990（30）: 103.

［196］Geringer J M, Hebert L. Measuring performance of international joint ventures ［J］. J Int Bus Stud, 1991, 22（2）: 249-263.

［197］Ghasemi A, Zahediasl S. Normality tests for statistical analysis: a guide for non-statisticians ［J］. International journal of endocrinology and metabolism, 2012, 10（2）: 486.

［198］Gianmario V, Davide R. Unbundling dynamic capabilities: an exploratory study of continuous product innovation ［J］. Industrial & Corporate Change, 2003, 12（3）: 577-606.

［199］Glaeser E L, Kallal H D, Scheinkman J A, Shleifer A. Growth in Cities ［J］. Journal of Political Economy, 1992, 100（6）: 1126-1152.

［200］ Glaister K W, Bukley P J. Measures of performance in UK international alliances ［J］. Organization Studies, 1998, 19 （1）: 89-118.

［201］ Gleiser M. The island of knowledge: The limits of science and the search for meaning ［M］. New York: Basic Books, 2014.

［202］ Goerzen A, Beamish P W. The effect of alliance network diversity on multinational enterprise performance ［J］. Strategic Management Journal, 2005, 26 （4）: 333-354.

［203］ Gomes-Casseres B. Joint venture instability: Is it a problem ［M］. Boston: Division of Research, Harvard University, 1987.

［204］ Grandori A. Neither Hierarchy nor Identity: Knowledge-Governance Mechanisms and the Theory of the Firm ［J］. Journal of Management & Governance, 2001, 5 （3）: 381-399.

［205］ Grant R M, Baden-Fuller C. A Knowledge-Based Theory of Inter-Firm Collaboration ［J］. Academy of Management Annual Meeting Proceedings, 1995 （1）: 17-21.

［206］ Gulati R, Nohria N, Zaheer A. Strategic networks ［J］. Strategic management journal, 2000, 21 （3）: 203-215.

［207］ Gulati R. Alliances and networks ［J］. Strategic management journal, 1998, 19 （4）: 293-317.

［208］ Hadad S. Knowledge economy: Characteristics and dimensions ［J］. Management dynamics in the Knowledge economy, 2017, 5 （2）: 203-225.

［209］ Hallmann K, Giel T. eSports-Competitive sports or recreational activity? ［J］. Sport management review, 2018, 21 （1）: 14-20.

［210］ Hamari J, Sjblom M. What is eSports and why do people watch it? ［J］. Internet research, 2017, 27 （2）: 211-232.

［211］ Hamel G. Strategic Intent ［J］. Harvard Business Review, 2005, 83 （7）: 148-161.

［212］ Harrigan K R. Managing for joint venture success ［M］. New York: Simon and Schuster, 1986.

［213］ Heere B. Embracing the sportification of society: Defining e-sports through a polymorphic view on sport [J]. Sport Management Review, 2018, 21 (1): 21-24.

[214] Heisig P. Business Process Oriented Knowledge Management [M]. Berlin: Springer Berlin Heidelberg, 2001.

[215] Hendriks P. Why share knowledge? The influence of ICT on the motivation for knowledge sharing [J]. Knowledge and process management, 1999, 6 (2): 91-100.

[216] Hitt M A, Bierman L, Shimizu K. Direct and Moderating Effects of Human Capital on Strategy and Performance in Professional Service Firms: A Resource-Based Perspective [J]. Academy of Management Journal, 2001, 44 (1): 13-28.

[217] Hitt M A, Dacin M T, Levitas E, Arregle J L, Borza A. Partner Selection in Emerging and Developed Market Contexts: Resource-Based and Organizational Learning Perspectives [J]. Academy of Management Journal,2000.

[218] Hitt M A, Ireland R D, Hoskisson R E. Strategic management cases: competitiveness and globalization [M]. Stanford: Cengage Learning,2012.

[219] Howells J R. Tacit knowledge, innovation and economic geography [J]. Urban Stud, 2002, 39 (5-6): 871-884.

[220] Hu L-T, Bentler P M. Evaluating model fit [A] //Structural Equation Modeling: Concepts, Issues, and Applications [M]. London: Sage Publications, 1995: 76-99.

[221] Inkpen A C. Creating knowledge through collaboration [J]. Calif Manage Rev, 1996, 39 (1): 123-140.

[222] Inkpen A. Learning, knowledge acquisition, and strategic alliances [J]. European Management Journal, 1998, 16 (2): 223-229.

[223] Ipe M. Knowledge sharing in organizations: A conceptual framework [J]. Human resource development review, 2003, 2 (4): 337-359.

[224] Jaffe A B, Trajtenberg M. Patents, citations, and innovations: A window on the knowledge economy [M]. Cambridge: The MIT press, 2002.

[225] Jarillo J C. On strategic networks [J]. Strategic management jour-

nal, 1988, 9 (1): 31-41.

[226] Jarque C M, Bera A K. A test for normality of observations and regression residuals [J]. International Statistical Review/Revue Internationale de Statistique, 1987: 163-172.

[227] Jenny S E, Manning R D, Keiper M C, Olrich T W. Virtual (ly) athletes: where eSports fit within the definition of "Sport" [J]. Quest, 2017, 69 (1): 1-18.

[228] Jin, Yun G. On Synergy of Management Innovation and Technological Innovation of Enterprise, University and Research [J]. Applied Mechanics & Materials, 2013 (291-294): 2968-2977.

[229] Jumaat N F, Ahmad N, Samah N A, Ashari Z M, Ali D F, Abdullah A H. Facebook as a platform of social interactions for meaningful learning [J]. International Journal of Emerging Technologies in Learning (iJET), 2019, 14 (4): 151-159.

[230] Kaiser H F. An index of factorial simplicity [J]. Psychometrika, 1974, 39 (1): 31-36.

[231] Kauser S, Shaw V. International Strategic Alliances: objectives, motives and success [J]. Journal of Global Marketing, 2004, 17 (2-3): 7-43.

[232] Keil T, Maula M V J, Schildt H, Zahra S A. The effect of governance modes and relatedness of external business development activities on innovative performance [J]. Strategic Management Journal, 2010, 29 (8): 895-907.

[233] Brouthers K D, Brouthers L E, Wilkinson T J. Strategic alliances: Choose your partners [J]. Long Range Planning, 1995, 28 (3): 2-25.

[234] Khanna T, Gulati R, Nohria N. The dynamics of learning alliances: Competition, cooperation, and relative scope [J]. Strategic management journal, 1998, 19 (3): 193-210.

[235] Kim S K, Lee B G, Park B S, Oh K S. The effect of R&D, technology commercialization capabilities and innovation performance [J]. Technological & Economic Development of Economy, 2011, 17 (4): 563-78.

［236］Kimiagari S, Keivanpour S, Al-Azad M S, Mohiuddin M. Using the Fuzzy Delphi Method to Apply a Model of Knowledge Transfer through International Strategic Alliances in Up-Stream Oil and Gas Sectors ［J］. Contemporary Management Research, 2015, 11 （4）: 409-428.

［237］Kletter M, Plunkett E, Plunkett A, Hunt H, Bird P, Brown C. Impact of the'Learning from Excellence'programme in NHS trusts: an exploratory study ［J］. British Journal of Healthcare Management, 2020, 26 （8）: 1-10.

［238］Kogut B. International business: the new bottom line ［J］. Foreign policy, 1998: 152-165.

［239］Kumar N, Scheer L K, Steenkamp J-B E. The effects of perceived interdependence on dealer attitudes ［J］. Journal of marketing research, 1995, 32 （3）: 348-356.

［240］Lahiri N, Narayanan S. Vertical integration, innovation, and alliance portfolio size: Implications for firm performance ［J］. Strategic Management Journal, 2013, 34 （9）: 1042-1064.

［241］Lane P J, Salk J E, Lyles M A. Absorptive capacity, learning, and performance in international joint ventures ［J］. Strategic management journal, 2001, 22 （12）: 1139-1161.

［242］Lee J N. The impact of knowledge sharing, organizational capability and partnership quality on IS outsourcing success ［J］. Information & Management, 2001, 38 （5）: 323-335.

［243］Lesraw D J. Bargaining power, ownership, and profitability of transnational corporations in developing countries ［J］. J Int Bus Stud, 1984, 15 （1）: 27-43.

［244］Lin H F, Lee H S, Wang D W. Evaluation of factors influencing knowledge sharing based on a fuzzy AHP approach ［J］. Journal of Information ence, 2009, 35 （1）: 25-44.

［245］Little R J, Rubin D B. Statistical analysis with missing data ［M］. New Jersey: John Wiley & Sons, 2019.

［246］Lu Z. From E-heroin to E-Sports: The development of competitive gaming in China [J]. The International Journal of the History of Sport, 2016, 33 (18): 2186-2206.

[247] Lunnan R, Haugland S A. Predicting and measuring alliance performance: A multidimensional analysis [J]. Strategic Management Journal, 2008, 29 (5): 545-556.

[248] Makri M, Lane P J. A search theoretic model of productivity, science and innovation [J]. R&D Management, 2010, 37 (4): 303-317.

[249] Meissner D. Public-private partnership models for science, technology, and innovation cooperation [J]. Journal of the Knowledge Economy, 2019, 10 (4): 1341-1361.

[250] Merchant H, Schendel D. How do international joint ventures create shareholder value? [J]. Strategic Management Journal, 2000, 21 (7): 723-737.

[251] Minehart D, Neeman Z. Termination and Coordination in Partnerships [J]. Journal of Economics & Management Strategy, 1999, 8 (2): 191-221.

[252] Morrison A J, Roth K. A taxonomy of business-level strategies in global industries [J]. Strategic management journal, 1992, 13 (6): 399-417.

[253] Morrison M, Mezentseff L. Learning alliances: A new dimension of strategic alliances [J]. Management Decision, 1997, 35 (5): 351-357.

[254] Mouritsen J, Larsen H T. The 2nd wave of knowledge management: The management control of knowledge resources through intellectual capital information [J]. Management accounting research, 2005, 16 (3): 371-394.

[255] Mowery D C, Oxley J E, Silverman B S. Strategic alliances and interfirm knowledge transfer [J]. Strategic management journal, 1996, 17 (S2): 77-91.

[256] Muthén B. A general structural equation model with dichotomous, ordered categorical, and continuous latent variable indicators [J]. Psychometrika, 1984, 49 (1): 115-132.

[257] Némethová H, Szabo S, Rozenberg R. Knowledge alliance as education services: Updated content of integrated flight preparation and training of pilots [C]. the CBU International Conference Proceedings, 2019.

［258］M. S. A Realm of Mere Representation?: "Live" E-Sports Spectacles and the Crafting of China's Digital Gaming Image ［J］. Games & culture, a journal of interactive media, 2016, 11 (3): 256-274.

［259］Nielsen B B. Determining international strategic alliance performance ［J］. Copenhagen, Copenhagen Business School, 2002: 46.

［260］Nielsen B B. Determining international strategic alliance performance: A multidimensional approach ［J］. International Business Review, 2007, 16 (3): 337-361.

［261］Nonaka I, Takeuchi H. The knowledge-creating company: How Japanese companies create the dynamics of innovation ［M］. New York: Oxford university press, 1995.

［262］Novy A. "Unequal diversity" as a knowledge alliance: An encounter of Paulo Freire's dialogical approach and transdisciplinarity ［J］. Multicultural education & technology journal, 2012, 6 (3): 137-148.

［263］Nunnally J C, Knott P D, Duchnowski A, et al. Pupillary response as a general measure of activation ［J］. Perception & psychophysics, 1967, 2 (4): 149-155.

［264］Olssen M, Peters M A. Neoliberalism, higher education and the knowledge economy: From the free market to knowledge capitalism ［J］. Journal of education policy, 2005, 20 (3): 313-345.

［265］Ouyang C. Literature Review Based on Corporate Performance ［J］. Open Journal of Social Sciences, 2020, 8 (4): 616-631.

［266］Park B I. What matters to managerial knowledge acquisition in international joint ventures? High knowledge acquirers versus low knowledge acquirers ［J］. Asia Pacific Journal of Management, 2010, 27 (1): 55-79.

［267］Parkhe A. Strategic alliance structuring: A game theoretic and transaction cost examination of interfirm cooperation ［J］. Academy of management journal, 1993, 36 (4): 794-829.

［268］Paulin D, Suneson K. Knowledge Transfer, Knowledge Sharing and Knowledge Barriers – Three Blurry Terms in KM ［J］. The Electronic Journal of

Knowledge Management, 2011, 10 (1): 81-91.

[269] Peltokorpi V, Tsuyuki E. Knowledge governance in a Japanese project-based organization [J]. Knowledge Management Research & Practice, 2006, 4 (1): 36-45.

[270] Podsakoff P M, Mackenzie S B, Lee J-Y, Podsakoff N P. Common method biases in behavioral research: a critical review of the literature and recommended remedies [J]. Journal of applied psychology, 2003, 88 (5): 879.

[271] Popkova E G. Preconditions of formation and development of industry 4.0 in the conditions of knowledge economy [A]. Industry 40: Industrial Revolution of the 21st Century [M]. Cham: Springer. 2019: 65-72.

[272] Poppo L, Zenger T. Do formal contracts and relational governance function as substitutes or complements? [J]. Strategic Management Journal, 2002, 23 (8): 707-725.

[273] Poppo L, Zhou K Z. Managing contracts for fairness in buyer-supplier exchanges [J]. Strategic Management Journal, 2014, 35 (10): 1508-1527.

[274] Porter M E. Competitive Advantage [J]. Journal of Business & Industrial Marketing, 2011, 25 (4): 88-102.

[275] Prasad S B. The knowledge link - How firms compete through strategic alliances [J]. Scandinavian International Business Review, 1992, 1 (1): 103-104.

[276] Pucik V. Technology transfer in strategic alliances: competitive collaboration and organizational learning [J]. Technology transfer in international business, 1991: 192-227.

[277] Qiufang F, Liyang W. Research on Total Factor Energy Efficiency and Regional Differences in China: Based on BCC and Malmquist Model [J]. Industrial Technology and Economy, 2018 (12): 8.

[278] Quigley N R, Tesluk P E, Locke E A, Bartol K M. A Multilevel Investigation of the Motivational Mechanisms Underlying Knowledge Sharing and Performance [J]. Organization science, 2007, 18 (1): 71-88.

[279] Radman Peša A, Čičin-Šain D, Blažević T. New business model

in the growing e-sports industry [J]. Poslovna izvrsnost, 2017, 11 (2): 121-131.

[280] Rashid A, Naeem N. Effects of mergers on corporate performance: An empirical evaluation using OLS and the empirical Bayesian methods [J]. Borsa Istanbul Review, 2017, 17 (1): 10-24.

[281] Reuer J J, Ariño A. Strategic alliance contracts: dimensions and determinants of contractual complexity [J]. Strategic Management Journal, 2007, 28 (3): 313-330.

[282] Richard P J, Devinney T M, Yip G S, Johnson G. Measuring organizational performance: Towards methodological best practice [J]. Journal of management, 2009, 35 (3): 718-804.

[283] Ring P S, Van De Ven A H. Developmental processes of cooperative interorganizational relationships [J]. Academy of management review, 1994, 19 (1): 90-118.

[284] Robert E, Theodore, M., Lynn, A., Thomas C, Spekman, Forbes. Alliance Management: A View from the Past and a Look to the Future [J]. Journal of Management Studies, 1998, 35 (6): 747-772.

[285] Robson M J, Skarmeas D, Spyropoulou S. Behavioral attributes and performance in international strategic alliances [J]. International Marketing Review, 2006, 23 (6): 585-609.

[286] Royston P. Multiple imputation of missing values [J]. The Stata Journal, 2004, 4 (3): 227-241.

[287] Schilling M A, Phelps C C. Interfirm collaboration networks: The impact of large-scale network structure on firm innovation [J]. Management science, 2007, 53 (7): 1113-1126.

[288] Schoenmakers W, Duysters G. Learning in strategic technology alliances [J]. Technology analysis & strategic management, 2006, 18 (2): 245-264.

[289] Shakeri R, Radfar R. Antecedents of strategic alliances performance in biopharmaceutical industry: A comprehensive model [J]. Technol Forecast Soc Change, 2017 (122): 289-302.

［290］Shapiro S S, Wilk M B. An analysis of variance test for normality（complete samples）［J］. Biometrika, 1965, 52（3/4）：591-611.

［291］dela Sierra M C. Managing Global Alliances：Key Steps for Successful Collaboration［M］. Wokingham：Addison Wesley, 1995.

［292］Simonin B L. Transfer of knowledge in international strategic alliances：A structural approach［M］. Michigan：University of Michigan, 1991.

［293］Sonnemann G, Tsang M, Schuhmacher M. Integrated Life-cycle and Risk Assessment for Industrial Processes and Products［M］. Boca Raton：CRC Press, 2018.

［294］Souitaris V. External communication determinants of innovation in the context of a newly industrialised country：a comparison of objective and perceptual results from Greece［J］. Technovation 2001, 21（1）：25-34.

［295］Spekman Forbes, Ill. Isabella MacAcoy, Robert E, Theodore M, Lynn A, Thomas C. Alliance management：A view from the past and a look to the future ［J］. Journal of Management studies, 1998, 35（6）：747-772.

［296］Steensma H K, Corley K G. On the Performance of Technology-Sourcing Partnerships：The Interaction between Partner Interdependence and Technology Attributes ［J］. The Academy of Management Journal, 2000, 43（6）：1045-1067.

［297］Stouthuysen K, Slabbinck H, Roodhooft F. Formal controls and alliance performance：The effects of alliance motivation and informal controls ［J］. Management Accounting Research, 2017（37）：49-63.

［298］Stuart T E. Network positions and propensities to collaborate：An investigation of strategic alliance formation in a high-technology industry ［J］. Administrative Science Quarterly, 1998, 43（3）：668-698.

［299］Subramanian A, Nilakanta S. Organizational innovativeness：Exploring the relationship between organizational determinants of innovation, types of innovations, and measures of organizational performance ［J］. Omega, 1996, 24（6）：631-647.

［300］Szablewicz M. A realm of mere representation？ "Live" e-sports spectacles and the crafting of China's digital gaming image [J]. Games and Culture, 2016, 11 (3): 256-274.

[301] Teece D J. Profiting from technological innovation: Implications for integration, collaboration, licensing and public policy [J]. Research Policy, 1986, 15 (6): 285-305.

[302] Tjemkes B, Vos P, Burgers K. Strategic alliance management [M]. London: Routledge, 2017.

[303] Tomlinson J W. The joint venture process in international business: India and Pakistan [M]. Cambridge: The MIT Press, 1970.

[304] Tsai, Wenpin. Knowledge Transfer in Intraorganizational Networks: Effects of Network Position and Absorptive Capacity on Business Unit Innovation and Performance [J]. Academy of Management Journal, 2001, 44 (5): 996-1004.

[305] Vera J A C. From players to viewers: the construction of the media spectacle in the e-sports context [J]. Anàlisi, 2016 (55): 1-16.

[306] Von Hippel E. Democratizing innovation [M]. Cambridge: The MIT Press, 2006.

[307] Wagner S M, Buko C. An empirical investigation of knowledgesharing in networks [J]. Journal of Supply Chain Management, 2005, 41 (4): 17-31.

[308] Wang D, Su Z, Yang D. Organizational culture and knowledge creation capability [J]. Journal of Knowledge Management, 2011, 15 (3): 363-373.

[309] Weck M, Blomqvist K. The role of inter-organizational relationships in the development of patents: A knowledge-based approach [J]. Res Pol, 2008, 37 (8): 1329-1336.

[310] Wegner D, Alievi R M, Begnis H S M. The life cycle of small-firm networks: an evaluation of Brazilian business networks [J]. BAR-Brazilian Administration Review, 2015, 12 (1): 39-62.

[311] Williams, Dmitri. Structure and competition in the U. S. home video game industry [J]. International Journal on Media Management, 2002, 4 (1): 41-54.

[312] Wilson J, Hynes N. Co-evolution of firms and strategic alliances:

Theory and empirical evidence [J]. Technol Forecast Soc Change, 2009, 76 (5): 620-628.

[313] Xuejun M, Jie W, Zhang Y. Research on industry alliance knowledge transfer network modeling and simulation based on complex networks [J]. Management Science and Engineering, 2013, 7 (3): 13-21.

[314] Yao L, Kam T, Chan S H. Knowledge sharing in Asian public administration sector: the case of Hong Kong [J]. Journal of Enterprise information management, 2007, 20 (1): 51-69.

[315] Zhang Z, Zhang Y, Lu J, Xu X, Gao F, Xiao G. CMfgIA: a cloud manufacturing application mode for industry alliance [J]. The International Journal of Advanced Manufacturing Technology, 2018, 98 (9-12): 2967-2985.

[316] Zhang Z. Missing data imputation: focusing on single imputation [J]. Annals of translational medicine, 2016, 4 (1): 1-8.